Betty J. Eadie ist Mutter von acht Kindern und Großmutter von acht Enkeln. Ihr Mann Joe, ein ehemaliger US-Air-Force-Soldat, arbeitet heute in einem bedeutenden Raumfahrtunternehmen im Nordwesten der USA.

Als Tochter einer Sioux-Indianerin wuchs die Autorin in einer ländlichen Gegend des US-Bundesstaates Nebraska und im Rosebud-Indianerreservat in Süddakota auf. Sie verließ die Schule im Alter von fünfzehn Jahren, um sich um eine jüngere Schwester zu kümmern, holte aber später ihren High-School-Abschluß nach und arbeitet mittlerweile für ihr College-Degree. Sie ist erfolgreich als selbständige Beraterin tätig und arbeitet ehrenamtlich in einem bedeutenden Krebsforschungszentrum.

Im Alter von einunddreißig Jahren starb Betty Eadie im Krankenhaus nach einer Operation. Die Ereignisse, die nun folgten, werden als ›die tiefste und vollständigste Nah-Todeserfahrung seit Menschengedenken‹ bezeichnet. Betty Eadies Leben wurde von Grund auf verändert. Ihre Erfahrung war so überwältigend, daß sie sie auch heute noch auf Schritt und Tritt begleitet. Sie erzählt sie uns in der Hoffnung, unsere Herzen zu berühren und uns der Liebe näher zu bringen, die uns alle erwartet.

Dieses Buch wurde auf chlor- und säurefreiem Papier gedruckt.

Deutsche Erstausgabe Mai 1994
© 1994 Droemersche Verlagsanstalt Th. Knaur Nachf.,
München
Das Werk einschließlich aller seiner Teile ist
urheberrechtlich geschützt. Jede Verwertung außerhalb
der engen Grenzen des Urheberrechtsgesetzes ist ohne
Zustimmung des Verlages unzulässig und strafbar.
Das gilt insbesondere für Vervielfältigungen,
Übersetzungen, Mikroverfilmungen
und die Einspeicherung und Verarbeitung in
elektronischen Systemen.
Titel der Originalausgabe: Embraced by the Light
Originalverlag: Gold Leaf Press, Placerville, CA
Umschlaggestaltung: Peter F. Strauss
Satz: Ventura Publisher im Verlag
Druck und Bindung: Ebner Ulm
Printed in Germany
ISBN 3-426-77127-6

2 4 5 3 1

Betty J. Eadie
mit Curtis Taylor

LICHT AM
ENDE DES LEBENS

*Bericht einer außergewöhnlichen
Nah-Todeserfahrung*

Mit einem Vorwort von
Dr. Melvin Morse

Aus dem Amerikanischen von
Marie-Therese Hartogs und
Ursula Rahn-Huber

Mein Dank geht an Curtis Taylor,
Autor und Redakteur bei Gold Leaf Press.

Ohne seine außergewöhnliche Begabung und
unglaubliche Sensibilität für den Geist
hätte dieses Werk in seiner vorliegenden Form
nicht entstehen können.

BETTY J. EADIE

DANKSAGUNGEN

Mein größter Dank und all meine Liebe gilt meinem Mann. Ohne seinen Glauben an mich und seine Liebe wäre es so gut wie unmöglich gewesen, dieses Buch zu schreiben. Er erledigte alle Arbeiten am Computer, erklärte mir geduldig die notwendigsten Funktionen und redigierte mein Manuskript. Er begnügte sich damit, allein vor dem Fernseher zu essen, und zog seine weißen Hemden ungewaschen ein zweitesmal an, so daß ich Zeit hatte, vor dem Bildschirm zu sitzen. Ich liebe dich, Joe. Danke!

Meine Liebe und Wertschätzung gilt meiner Freundin Nancy Carlisle, deren Herz überströmt vor Liebe, nicht nur zum Erlöser, sondern zu allen Menschen, denen sie begegnet. Nancy lehrte mich, meine Liebe offener zum Ausdruck zu bringen. Sie zeigte ihre Verbundenheit, indem sie unzählige Stunden damit zubrachte, mich zu Vorträgen zu begleiten, sich den Bericht meiner Erfahrung immer und immer wieder anzuhören, ohne es jemals leid zu werden, und mich stets ermutigte, mehr zu tun. Es war Nancy, die mir 1987 dabei half, erste Grundlagen dieses Buches zu entwerfen. Sie glaubte unbeirrbar an mich, auch als ich jene ersten Ansätze aufgab, um mich um meinen kranken Vater zu kümmern, bis dieser schließlich 1991 starb.

Tiefste Verbundenheit empfinde ich auch mit Jane Barfuss, die – nachdem sie sich drei meiner Vorträge angehört hatte – unter dem Titel ›Spirit World‹ (Geistige Welt) einen Bericht über meine Nah-Todeserfahrung verfaßte. Ihre Aufzeichnungen sind buchstäblich rings um den Globus gereist. Als direkte Folge von Janes Arbeit bin ich mit vielen wunderbaren Menschen zusammengetroffen, die mich ermutigt haben, dieses Buch zu vollenden und meine Erfahrung noch detaillierter zu schildern.

INHALT

Bei der Lektüre von *Licht am Ende des Lebens* habe ich mehr über Nah-Todeserfahrungen gelernt als durch jede andere Erfahrung in meinem Leben, und das, obwohl ich mich zehn Jahre lang eingehend mit Nah-Todeserfahrungen befaßt und Befragungen von Kindern und Erwachsenen durchgeführt habe, die den klinischen Tod überlebten. *Licht am Ende des Lebens* erzählt uns nicht nur, wie Betty Eadie während einer Operation gestorben und später wieder ins Leben zurückgekehrt ist, sondern eröffnet uns den Weg zu einem tieferen Verständnis unseres Daseins. Dabei fällt mir ein kleiner Junge ein, der seinen Eltern nach überlebtem Herzstillstand folgendes mitzuteilen hatte: ›Ich muß euch ein wunderbares Geheimnis erzählen – ich bin über eine Treppe in den Himmel gestiegen.‹ Das Kind war zu klein, um sein Erlebnis genauer zu beschreiben. In Betty Eadies Buch geht es um ebendieses wunderbare Geheimnis. Es handelt sich hier nicht um ein Geheimnis vom Leben nach dem Tod, sondern um ein Geheimnis vom Leben.

Eine Nah-Todeserfahrung ist in der Tat die Erfahrung des Sterbens selbst. Jeder von uns, reich oder arm, Mörder oder Heiliger, wird einmal diese Erfahrung machen. Früher glaubte ich, daß wir nach unserem Tod in die

Finsternis eingehen und unser Leben beenden. Als Arzt auf der Intensivstation hatte ich viele Kinder und Erwachsene sterben sehen, und es gab keinen Anlaß, diesen Glauben in Frage zu stellen. Erst nachdem ich mir die Zeit nahm, Menschen, die ihren klinischen Tod überlebt hatten, nach ihren Erfahrungen zu fragen, lernte ich, daß der Vorgang des Sterbens oftmals von Freude und Spiritualität begleitet ist. Nicht Finsternis erwartet uns am Ende unseres Lebens, sondern ein Licht der Liebe – ein Licht, wie es eines der befragten Kinder formulierte, in dem ›eine Menge Gutes steckt‹.

Nah-Todeserfahrungen werden nicht durch eine Sauerstoffunterversorgung des Gehirns, durch Drogen oder durch psychische Belastung ausgelöst, wie sie in Verbindung mit der Angst vor dem Sterben entsteht. In annähernd zwanzigjähriger wissenschaftlicher Forschungsarbeit wurde dokumentiert, daß es sich bei diesen Erfahrungen um einen natürlichen und normalen Vorgang handelt. Wir konnten sogar ein Gebiet im Gehirn lokalisieren, das uns die Fähigkeit zu solchen Erfahrungen verleiht. Nah-Todeserfahrungen sind also absolut real und keine Halluzinationen unseres Geistes. Sie sind ebenso real wie jede andere menschliche Fähigkeit; sie sind so real wie die Mathematik, so real wie unsere Sprache.

Nur acht Jahre sind vergangen, seit meine Forschungsgruppe an der Universität von Washington und der Kinderklinik von Seattle diese Informationen in den Fachblättern für Pädiatrie der American Medical Association veröffentlichte. Wenn diese Forschungsarbeiten auch an anderen Instituten an verschiedenen Orten der Welt, darunter an der Universität von Florida, an der Bostoner Kinderklinik und an der Universität von Utrecht in den Niederlanden, wiederholt wurden, sind die Ergebnisse dennoch längst nicht zum Allgemeingut geworden. Leider hat unsere Gesellschaft die in den vergangenen zwei Jahrzehnten erzielten wissenschaftlichen Fortschritte hinsichtlich des Sterbevorganges noch nicht akzeptiert. Wir müssen dringend umlernen und begreifen, daß wir nicht nur biologische Maschinen, sondern auch spirituelle Geschöpfe sind. Allzu viele unserer gesellschaftlichen Probleme – so die Krise im Gesundheitswesen, das Sterben in Würde, die weitverbreitete Habgier, die unsere Wirtschaft ruiniert, die nationale Schande der Obdachlosigkeit von Frauen und Kindern – resultieren aus dem mangelnden Verständnis, daß wir spirituelle Wesen sind und einander brauchen.

Licht am Ende des Lebens zeigt uns, daß unser eigenes individuelles Leben wichtig ist und einen Sinn hat. Menschen, die am Ende ihres Lebens in das göttliche Licht eingegangen sind, kehrten stets mit einer einfachen und wunderschönen Botschaft zurück: ›Liebe ist unser höchstes Gut … Es muß Liebe herrschen … Mit unseren Gedanken schaffen wir uns unsere eigene Umgebung … Wir wurden hierhergeschickt, um unser Leben ganz zu leben, um es voll auszuleben, um uns an dem zu erfreuen, was wir selbst geschaffen haben, um mit Fehlschlägen und Erfolgen umgehen zu lernen, um unseren freien Willen zur Ausweitung und positiven Entfaltung unseres Lebens einzusetzen.‹ Betty Eadie kehrt von ihrem klinischen Tod nicht mit großartigen Forderungen oder Ansprüchen zurück. Sie will keine neue Kirche gründen und bietet auch keine Allheilmittel für irgendwelche Krankheiten. Ihre Botschaft ist ganz schlicht. Es ist die Botschaft der Liebe. In der Nah-Todeserfahrung liegt eine Botschaft, um deren Wahrheit ein jeder von uns weiß, doch die viele von uns vergessen haben: Wir sollen einander lieben. Wir sollen gut und tolerant und großzügig zueinander sein.

In ihrem Buch liefert uns Betty Eadie eine Beschreibung ihrer Nah-Todeserfahrung. Auf unprätentiöse, für uns alle verständliche Weise erzählt sie uns ihre wunderbare Geschichte. Ich selbst hatte in meinem Leben keine Nah-Todeserfahrung, ja noch nicht einmal ein bewußtes spirituelles Erlebnis, und ich stand dem, was mir manche meiner Patienten berichteten, etwas skeptisch gegenüber. Für den Skeptiker wohl am allerschwierigsten nachzuvollziehen ist, wie man sich außerhalb seines physischen Körpers fühlen mag oder wie der Tod eine angenehme Erfahrung sein kann. Betty Eadies Buch beleuchtet die einzelnen Phasen der Erfahrung mit derart treffenden Worten, daß diese Kluft geschlossen wird. Sie macht das Unwißbare verständlich.

Zu Beginn des Sterbevorganges fühlte sie, wie ihr Körper zunehmend schwächer wurde. ›Dann fühlte ich ein Aufwallen von Energie, so als ob etwas in mir platzte, etwas in mir freigesetzt würde. Mein erster Eindruck war der, frei zu sein. Diese Erfahrung barg nichts Unnatürliches.‹ Dann begegnete sie Geistführern, die ihr halfen, wichtige Dinge über ihr Leben und die Beziehung zu ihrer Familie zu verstehen. Sie standen ihr bei ihrem Übergang in den Tod zur Seite. Sie trat in eine Dunkelheit ein und bewegte sich durch einen dunklen Tunnel. ›Ich dachte, dies muß das Tal der Todesschatten sein‹, so schreibt sie. ›Nie in meinem Leben habe ich eine größere Ruhe empfunden.‹ Betty Eadies Erfahrung beantwortet all die Fragen, die mir während meiner jahrelangen Arbeit mit Nah-Todeserfahrungen gestellt wurden – Fragen, die ich selbst nie habe beantworten können. Sie beschreibt ihre Lebensrückschau im Jenseits, und wie sie nicht von anderen, sondern eher von sich selbst beurteilt wurde. Sie erklärt die Bedeutung und Ursachen mancher negativer Nah-Todeserfahrungen und zeigt auf, warum manche Menschen nach ihrem Erlebnis zutiefst beunruhigt sind. Sie führt uns vor Augen, warum das Leben oft schwierig ist und warum guten Menschen oft das größte Leid widerfährt. Sie zeigt auf, warum Menschen, die gestorben sind, oftmals zögern, in ihren Körper zurückzukehren. ›Das lästige Gewicht des Körpers und die Kälte waren unerträglich‹, so schreibt sie. ›Nach dem Glücksgefühl der spirituellen Freiheit war ich erneut eine Gefangene des Fleisches geworden.‹

Die Autorin hatte nicht erst als Erwachsene eine Nah-Todeserfahrung; sie war bereits während ihrer Kindheit durch ein frühes Nah-Toderlebnis auf dieses Ereignis vorbereitet worden. Kinder haben oft einfache und reine Nah-Todeserfahrungen, die nicht von religiösen oder kulturellen Erwartungshaltungen beeinträchtigt sind. Anders als viele Erwachsene unterdrücken sie ihre Erfahrung nicht, und es bereitet ihnen keine Probleme, die spirituellen Folgen der Vergegenwärtigung Gottes anzunehmen. Nie werde ich das fünfjährige Mädchen vergessen, das mir mit schüchterner Stimme folgendes berichtete: ›Ich sprach mit Jesus, und er war nett. Er hat mir gesagt, daß ich noch nicht dran sei mit dem Sterben.‹ Kinder erinnern sich an ihre Nah-Todeserfahrungen wesentlich häufiger als Erwachsene, und infolge ihres Erlebnisses scheint es ihnen leichter zu fallen, in ihrem späteren Erwachsenenleben ihre eigene Spiritualität anzunehmen und zu verstehen. Wenn sie dann als Erwachsene eine weitere Nah-Todeserfahrung machen, ist diese in der Regel außergewöhnlich überwältigend und allumfassend.

Betty Eadie erinnert uns, daß die Bedeutung von Nah-Todeserfahrungen in der darin enthaltenen Botschaft über das Leben zu suchen sei. Erst in den letzten paar Jahrhunderten haben wir beschlossen, daß der Mensch keinen göttlichen Geist in sich trägt, also keine Seele hat – und daß es folglich kein Leben nach dem Tode gibt. Hieraus haben wir direkt eine unnatürliche Angst vor dem Sterben abgeleitet, die unser Dasein durchdringt und uns daran hindert, unser Leben voll auszukosten. Die Autorin zeigt uns, daß das Wissen um die Spiritualität des Sterbens nicht dazu führt, daß wir sterben möchten, sondern vielmehr in uns den Wunsch weckt, das Leben ganzheitlicher als bisher zu leben. ›Ich wußte nun, daß es wirklich einen Gott gibt‹, so schreibt sie. ›Ich glaubte nicht mehr nur an eine universale Macht … Ich sah ein Wesen voll Liebe, das das Universum schuf.‹

Ein kleines Mädchen erzählte mir, daß sie bei ihrem Tod

erfuhr, ›daß ich ein weiteres Leben habe‹. Sie habe zwar in der Sonntagsschule gelernt, so meinte sie, daß es einen Himmel gäbe, doch sie hatte nicht wirklich daran geglaubt. Seit der Erfahrung des Todes und der Rückkehr ins Leben ›habe ich keine Angst mehr vor dem Sterben, denn ich weiß irgendwie ein bißchen besser darüber Bescheid‹. Sie wünschte sich nicht, noch mal zu sterben, sondern hatte gelernt, ›daß das Leben zum Leben da ist und das Licht für später‹. Auf die Frage, ob sie sich durch ihre Erfahrung verändert habe, antwortete sie nach längerem Nachdenken: ›Es ist so schön, wenn man lieb ist.‹

Licht am Ende des Lebens beinhaltet die gleiche Lehre: ›Wenn wir liebevoll sind, empfinden wir Freude.‹ Betty fragte Jesus: ›Warum habe ich das nicht schon früher gewußt?‹ Und Jesus antwortete: ›Bevor du Freude empfinden kannst, mußt du durch den Kummer gehen.‹ Diese simple Aussage hat mein Verständnis vom Leben revolutioniert. Ich wußte diesen Satz schon von ›früher‹; ja, ich hatte ihn mein ganzes Leben lang gehört. Nach der Lektüre von Betty Eadies Buch verstand ich, daß er mein Leben verändert hat, daß ich mich wieder mit einfachen Wahrheiten verbinden muß, die ich von jeher gewußt, aber stets ignoriert habe.

Betty Eadie ist Indianerin und hat ihre Schulzeit im Internat verbracht. Über dem Schultor hing ein großes Schild mit der Aufschrift ›Ohne Vision geht die Menschheit zugrunde‹. In unserer Gesellschaft ist das Verständnis für unseren eigenen Glauben und unsere spirituellen Visionen verlorengegangen. So haben wir das Sterben verkommen lassen zu einem unerträglichen Vorgang, bei dem Patienten in Krankenhäuser abgeschoben werden, in eine kalte Umgebung unpersönlicher Maschinen, die die liebevolle Umsorgung durch Verwandte und Freunde ersetzen soll. Wir haben vergessen, wie man stirbt, denn das Sterben gehört nicht mehr zu unserem gewöhnlichen Leben. Gleichzeitig haben wir vergessen, wie man lebt. Nach Ansicht des bedeutenden Mythologen Joseph Campbell sind viele der Probleme unserer modernen Gesellschaft, von der Drogensucht bis hin zur Gewalt in unseren Innenstädten, direkt auf unseren kollektiven Mangel an spiritueller Perspektive zurückzuführen. Wir haben vergessen, daß das gewöhnliche Leben eines jeden einzelnen von uns spirituell bedeutsam ist.

Licht am Ende des Lebens birgt ein großes Geheimnis. Es ist ein Geheimnis, das Sie bereits kennen. Es ist etwas, das uns die großen Propheten und spirituellen Führer seit Tausenden von Jahren mitzuteilen versuchen. Betty Eadie erfuhr es, als sie beinahe starb. Es besitzt die Macht, Ihr Leben zu ändern.

DR. MELVIN MORSE

DIE ERSTE NACHT

Irgend etwas stimmte nicht. Mein Mann Joe hatte mein Krankenhauszimmer erst vor wenigen Minuten verlassen, und schon erfaßte mich eine düstere Vorahnung. Ich würde die Nacht über alleine sein, allein am Vorabend einer der beängstigendsten Herausforderungen meines Lebens. Gedanken an den Tod befielen mich. Gedanken wie diese hatte ich seit Jahren nicht gehabt. Warum drängten sie sich heute derart in den Vordergrund?

Wir schrieben den 18. November 1973. Ich war in die Klinik aufgenommen worden, um mir einen Teil der Gebärmutter herausnehmen zu lassen. Ich war einunddreißig, hatte sieben Kinder zur Welt gebracht und war ansonsten bei guter Gesundheit; so hatte ich mich auf Anraten meines Arztes zu dieser Operation entschlossen. Sowohl mein Mann als auch ich selbst hatten die Operation als etwas Sinnvolles und Notwendiges akzeptiert. Auch an jenem Abend stand ich hinter meinem Entschluß; es war etwas anderes, das mich beunruhigte – ich konnte nicht sagen, was.

In all den Jahren unserer Ehe hatten Joe und ich nur wenige Nächte getrennt voneinander verbracht, und ich versuchte mich mit Gedanken an meine Familie und unsere außerordentlich enge Verbundenheit miteinander abzulenken. Trotz des Trubels, den unsere sechs Kinder (eines war im Babyalter an plötzlichem Kindstod gestorben) zu Hause verbreiteten, gingen wir ungern allein aus. Selbst an unseren ›freien Abenden‹ blieben wir daheim und überließen den Kindern die Gestaltung des Programms. Manchmal sorgten sie sogar für ein Abendessen. Nicht einmal Kerzenlicht, ein knisterndes Kaminfeuer und die passende Musik durften fehlen – vielleicht nicht die Art von Musik, die wir selbst ausgewählt hätten, doch irgendwie stimmte das Ganze für uns. Einmal überraschten sie uns beispielsweise mit einem chinesischen Essen. Es wurde auf dem Couchtisch serviert, und wir mußten auf eigens herbeigeschafften Kissen auf dem Boden Platz nehmen. Sie dimmten das Licht, gaben uns noch einen Gutenachtkuß und verschwanden dann kichernd nach oben. Joe und ich schienen ein Zipfelchen vom Himmel auf Erden gefunden zu haben. Ich dachte, welches Glück ich hatte, einen so liebevollen und einfühlsamen Partner wie Joe gefunden zu haben. Er hatte sich freigenommen, um vor meinem Krankenhausaufenthalt möglichst viel bei mir sein zu können, und wollte auch im Anschluß an meine Entlassung eine Woche daheimbleiben. Gemeinsam mit unseren beiden ältesten Töchtern, die damals gerade fünfzehn und vierzehn Jahre alt waren, schmiedete er bereits Pläne für ein ganz besonders tolles Essen am Erntedanktag.

Die Gefühle der Vorahnung wurden zunehmend bedrückender. Vielleicht lag es an der Dunkelheit des Zimmers, dieser schrecklichen Dunkelheit, die ich als Kind hatte fürchten gelernt. Oder vielleicht rührte dieses Gefühl der Bedrohung von einer Erfahrung her, die ich vor vielen Jahren in einem Krankenhaus gemacht hatte und die ich mir noch immer nicht so ganz erklären konnte.

Meine Eltern hatten sich getrennt, als ich vier Jahre alt war. Mein Vater sagte immer, zur damaligen Zeit eine Indianerfrau geheiratet zu haben sei wohl das Schlimmste gewesen, was ein weißer Mann habe tun können. Er war blond und von schottisch-irischer Abstammung, und sie war eine Vollblutindianerin vom Stamme der Sioux. Als siebentes von zehn Kindern hatte ich kaum eine Chance, Vater oder Mutter richtig kennenzulernen, bevor sich diese trennten. Meine Mutter kehrte ins Reservat zurück, und mein Vater zog zu seinen Eltern in die Stadt. Damals wurden sechs von uns Kindern in ein katholisches Internat geschickt.

In jenem ersten Winter im Internat bekam ich einen schrecklichen Husten und litt ständig unter Schüttelfrost. Vierzig Mädchen teilten sich einen Schlafsaal, und ich erinnere mich noch daran, wie ich eines Nachts aus meinem Bett kroch und bei meiner Schwester Joyce unter die Decke schlüpfte. So lagen wir nebeneinander und weinten – ich im Fieber und sie aus Angst um mich. Eine der Schwestern entdeckte mich bei ihrem nächtlichen Rundgang und schickte mich in mein eigenes schweißnasses und eiskaltes Bett zurück. Joyce versuchte, der Schwester zu erklären, wie krank ich sei, doch man schenkte ihr keinen Glauben. In der dritten Nacht schließlich wurde ich in ein Krankenhaus eingeliefert. Der Doktor stellte Keuchhusten und eine schwere Lungenentzündung fest, und er wies die Schwester an, sich mit meinen Eltern in Verbindung zu setzen. Ich erinnere mich daran, wie er ihr sagte, ich würde die Nacht aller Voraussicht nach nicht überleben. Ich lag auf meinem Bett, glühend vor Fieber, und fiel immer wieder in einen unruhigen Schlaf. Einmal fühlte ich, wie Hände meine Stirn berührten, und als ich die Augen aufschlug, sah ich die Schwester, die sich über mich beugte. Sie fuhr mit ihren Fingern durch mein Haar und sagte: ›Sie ist doch noch so klein.‹ Nie werde ich vergessen, als wie liebevoll ich ihre Worte empfand. Ich kuschelte mich in meine Decke und fühlte mich warm und wohlig. Ihre Worte gaben mir Frieden, und so schloß ich die Augen und schlief wieder ein.

Als ich das nächstemal erwachte, hörte ich, wie der Arzt sagte: ›Es ist zu spät. Wir haben sie verloren‹, und ich fühlte, wie die Bettdecke über meinen Kopf gezogen wurde. Ich war verwirrt. Warum war es zu spät? Ich drehte meinen Kopf und sah mich im Zimmer um. Das erschien mir nicht ungewöhnlich, obwohl doch die Bettdecke über meinem Gesicht lag. Ich sah den Arzt und die Krankenschwester neben meinem Bett stehen. Ich sah mir den Raum an, und er erschien mir heller als zuvor. Das Bett erschien mir riesig, und ich erinnere mich, wie ich dachte: ›Ich bin ein kleiner brauner Käfer mitten in einem großen weißen Bett.‹ Dann verließ der Arzt das Zimmer, und ich spürte eine andere Gegenwärtigkeit im Raum. Plötzlich lag ich nicht mehr auf dem Bett, sondern in jemandes Armen. Ich blickte auf und sah einen Mann mit einem wunderschönen weißen Bart, der mich anschaute. Ich war fasziniert von seinem Bart. Ein leuchtendes Licht schien darin zu funkeln, ein Licht, das aus dem Inneren des Bartes kam. Ich kicherte, fuhr mit den Händen durch den Bart und zwirbelte die Haare um meine Finger. Ich war absolut ruhig und glücklich bei ihm. Er wiegte mich sanft in seinen Armen, und wenn ich auch nicht wußte, wer er war, wollte ich ihn doch nie wieder verlassen.

›Sie atmet wieder!‹ rief die Schwester, und der Arzt stürzte zurück ins Zimmer. Doch es war ein anderes Zimmer. Ich war in einen kleineren Raum verlegt worden, in dem es sehr dunkel war. Der Mann mit dem weißen Bart war verschwunden. Ich war schweißgebadet vor Fieber, und ich hatte Angst. Der Arzt schaltete das Licht an, und man schob mein Bett wieder in den ersten Raum zurück.

Als meine Eltern eintrafen, sagte man ihnen, ich wäre um ein Haar verloren gewesen. Ich hörte die Worte, doch ich verstand immer noch nicht. Wie hatte ich verloren gewesen sein können, wo ich doch die ganze Zeit über dagewesen war. Doch es war gut, wieder bei meinen Eltern zu sein, bei Menschen, die mich wirklich kannten und liebten – so wie der Mann mit dem weißen Bart. Ich fragte sie, wer der Mann war und wohin er gegangen sei, doch sie wußten nicht, wovon ich sprach. Ich erzählte ihnen davon, wie der Arzt gesagt hatte, es sei zu spät, wie der Mann mit dem weißen leuchtenden Bart gekommen war und mich in seinen Armen gehalten hatte, doch sie wußten nichts darauf zu sagen. Es sollte ihnen für immer unerklärlich bleiben. Die Erfahrung blieb mir ganz allein vorbehalten, und sie war wie eine Oase der Liebe, die ich während meiner ganzen Kindheit wie ein Kleinod hütete. Die Erinnerung daran blieb stets erhalten und jedesmal, wenn ich daran denke, überkommt mich wieder dieses Gefühl der Ruhe und des Glücks, das ich damals in seinen Armen empfunden hatte.

Wie ich jetzt so in meinem Krankenbett lag und Dunkelheit in das Zimmer kroch, versuchte ich, mir ebendiese Erinnerung wieder zu vergegenwärtigen. Seit jenen Tagen, die ich getrennt von meinen Eltern zugebracht hatte, fürchtete ich mich vor der Dunkelheit. Jetzt, da ich wieder allein im Dunkeln lag, überkam mich ein sonderbares Gefühl. Der Tod schien überall rings um mich herumzuwirbeln. Meine Gedanken füllten sich damit, verstrickten sich darin. Tod. Der Tod und Gott. Beide schienen auf ewig miteinander verbunden zu sein. Was erwartete mich auf der anderen Seite? Wenn ich morgen sterben würde, was käme dann wohl auf mich zu? Ewiger Tod? Ewigkeit und ein rachsüchtiger Gott? Ich war mir nicht sicher. Und wie würde Gott wohl sein? Ich hoffte nur, daß er *nicht* so sei, wie man ihn uns damals im Internat beschrieben hatte.

Ich erinnere mich noch genau an jene erste Schule mit ihren riesigen Backsteinmauern und ihren dunklen, kalten Räumen. Ein Maschendrahtzaun trennte die Schlafsäle der Jungen von denjenigen der Mädchen, und ein weiterer Zaun verlief rings um das Schulgelände. Wir waren von der Welt und voneinander getrennt. Ich erinnere mich noch an den ersten Morgen, an dem meine Brüder in eines der Gebäude und meine Schwestern und ich in ein anderes geführt wurden. Nie vergesse ich die

Furcht in ihren Augen, als sie uns einen letzten Blick zuwarfen. Ich dachte, mein Herz würde brechen.

Meine beiden Schwestern und ich wurden in einen kleinen Raum gebracht, wo die Nonnen uns mit irgendeinem chemischen Mittel entlausten und uns die Haare schnitten. Sie gaben uns je zwei Kleider – die eine Farbe wurde in einer Woche, die andere in der nächsten getragen. Diese Uniform diente unter anderem zur Erleichterung des Auffindens entlaufener Zöglinge. Meine älteste Schwester Thelma, von uns Sis genannt, wurde von uns getrennt und in einen anderen Raum für ältere Mädchen einquartiert. In jener ersten Nacht stellten Joyce und ich uns gemeinsam mit den anderen Mädchen der Reihe nach auf und marschierten in den Schlafsaal. Hier mußten wir neben unseren Betten stehen, bis die Schwester auf ihrer Trillerpfeife pfiff. Dann gingen wir sofort ins Bett, das Licht wurde gelöscht und der Saal von außen abgeschlossen. Ich hatte schreckliche Angst, in diesen großen dunklen Raum eingeschlossen zu sein. Steif vor Furcht lag ich in meinem Bett, bis mich endlich der erlösende Schlaf überkam.

Sonntags gingen alle Kinder zum Gottesdienst, und der Kirchgang bot meinen Schwestern und mir Gelegenheit, unsere Brüder zu sehen, die auf der anderen Seite der Kapelle saßen. Als ich mich an jenem ersten Sonntag zwischen den neben mir sitzenden Mädchen hindurchdrängte, um einen Blick auf meine Brüder zu erhaschen, fühlte ich einen Schlag auf den Kopf. Ich drehte mich um und sah einen langen Stab, an dessen Ende eine Gummikugel befestigt war. Die Schwestern verwendeten dieses Instrument, um in der Kirche für gutes Benehmen zu sorgen, und dies sollte nur das erste der vielen Male sein, daß ich es zu spüren bekam. Ich verstand nie so recht, was das Läuten der Kirchenglocken bedeutete oder wann ich niederknien sollte, und so wurde ich oft mit dem Stab gezüchtigt. Dennoch hatte ich sonntags die Gelegenheit, meine Brüder zu sehen, und dies war jeden Schlag mit der Kugel wert.

Wir wurden hier über Gott unterrichtet, und ich lernte so manches, woran ich vorher nie gedacht hatte. Man sagte uns, wir – die Indianer – seien Heiden und Sünder, und ich glaubte es natürlich. Die Nonnen waren angeblich etwas Besonderes im Angesichte Gottes, und wir lernten, daß sie da waren, um uns zu helfen. Meine Schwester wurde oft mit einem kurzen Schlauchstück geschlagen und anschließend gezwungen, der Nonne für die empfangenen Schläge zu danken. Tat sie es nicht, wurde sie nochmals geschlagen. Dies waren die auserwählten Dienerinnen Gottes, so glaubte ich, und ich begann, Gott um ihretwillen schrecklich zu fürchten. Alles, was ich über ihn lernte, war dazu angetan, diese Furcht zu verstärken. Er erschien mir zornig, ungeduldig und sehr mächtig, und so würde er mich aller Wahrscheinlichkeit nach vernichten oder beim Jüngsten Gericht auf direktem Wege zur Hölle jagen – vielleicht gar schon früher, wenn ich mir seinen Zorn zuzog. Der Gott, wie er uns in jenen Internatstagen vor Augen geführt wurde, war ein Wesen, dem ich nie in meinem Leben zu begegnen hoffte.

Ich sah auf die große Uhr an der Wand. Es waren erst ein

paar Minuten 'vergangen, seit Joe mein Krankenzimmer verlassen hatte. *Erst ein paar Minuten!* Das kleine Licht über dem Waschbecken in meinem Zimmer verbreitete nur eben so viel Licht, daß dunkle Schatten entstanden – Schatten, die in meiner Vorstellung wie Alpträume aus der Vergangenheit erschienen. Bald drehe ich durch, dachte ich.

Angesichts meiner Einsamkeit raste mein Geist durch die dunklen Korridore meiner Erinnerung. Ich mußte ihn unter Kontrolle bringen, um endlich Ruhe zu finden, oder die Nacht würde endlos werden. Ich versuchte, mich zu sammeln und mich mit glücklicheren Gedanken aus meiner Vergangenheit abzulenken.

Ein Lichtstrahl drang durch die Finsternis.

Die ›Brainard Indian Training School‹ war ein Institut der Wesleyanischen Methodisten. Nie werde ich vergessen, wie ich das große Schild las, das über dem Schultor prangte: ›Ohne Vision geht die Menschheit zugrunde‹. Ich dachte natürlich, daß sich das Schild vor allem auf Indianer bezog, und nachdem es sich hier um eine Schule handelte, sollten wir hier wohl geschult werden, größeren Weitblick zu bekommen. Dieser Gedanke wurde wahrscheinlich durch andere Schilder verstärkt, die ich anderswo in der Stadt gesehen hatte, wie zum Beispiel: ›Kein Zutritt für Indianer und Hunde‹.

Meine Zeit an der Brainard-Schule sollte sich als besser erweisen als all meine früheren Schulerfahrungen. Es herrschte eine gemütlichere, weniger strenge Atmosphäre, und die Lehrer schienen Spaß daran zu haben, mit uns Schülern zusammenzusein. Ich erfuhr, daß es verschiedene Auffassungen von Gott gibt. Anstelle des zornigen Rachegottes, den ich von früher kannte, erzählte man mir hier von einem gnädigeren Gott, der sich freute, wenn wir glücklich waren. Bei unseren Gottesdiensten riefen die versammelten Gläubigen oft Amen und Halleluja, und ich brauchte etwas Zeit, um mich an deren spontane ›Ausbrüche‹ zu gewöhnen. Wenn ich auch erkannte, daß es verschiedene Gottesauffassungen und Formen der Gottesverehrung gab, war ich – so denke ich – weiterhin überzeugt, daß Er mich strafen werde, wenn ich einmal sterben und vor Ihn treten würde.

Den Sommer über besuchte ich die Gottesdienste der Lutheraner und der Baptisten und gelegentlich auch diejenigen der Heilsarmee. Wo ich in die Kirche ging, schien weniger wichtig zu sein als die Tatsache, daß ich ging. Meine Neugier, mehr über Gott zu erfahren, wuchs mit zunehmender Reife, denn ich erkannte, daß Er in meinem Leben eine wichtige Rolle spielt. Ich wußte nur noch nicht so recht, was das für eine Rolle war oder wie sie sich für mich auswirken würde, wenn ich einmal erwachsen wäre. Ich wandte mich mit Gebeten an Ihn, um Antworten zu erhalten, doch Er schien mich nicht zu hören. Meine Worte schienen in den Wind gesprochen zu sein. Als ich elf Jahre alt war, nahm ich all meinen Mut zusammen und fragte unsere Schulleiterin, ob sie wirklich daran glaube, daß es einen Gott gäbe. Ich dachte, wenn es jemand wirklich *wissen* müsse, dann sei sie es. Doch anstatt meine Frage zu beantworten, gab sie mir eine Ohrfeige und fragte, wie ich es wagen könne, Seine

Existenz in Frage zu stellen. Sie hieß mich, niederzuknien und um Vergebung zu beten, und das tat ich denn auch. Doch von jenem Augenblick an wußte ich, daß ich wegen mangelnden Glaubens zur Hölle fahren würde, denn ich hatte ja schließlich die Existenz Gottes in Frage gestellt. Ich war jetzt sicher, daß Er mir nie würde vergeben können.

Später in jenem Sommer zog ich zu meinem Vater zurück, und dort hatte ich eine Erfahrung, bei der ich vor Angst wie gelähmt war. Eines Nachts stand ich auf, schob die Vorhänge des Fensters neben meinem Bett zur Seite und betrachtete den Sternenhimmel und die vorbeiziehenden Wolken, so wie ich es seit meiner frühesten Kindheit immer gern getan hatte. Plötzlich schien mir aus einer Wolke heraus ein weißer Lichtstrahl in die Augen, und ich war starr vor Angst. Der Strahl bewegte sich hin und her, so als suche er nach uns, nach jemandem. Ich wußte, daß dies Jesus war, der zum zweitenmal auf die Erde kam, und ich schrie aus vollem Halse. Ich hatte gelernt, daß er wie ein Dieb in der Nacht kommen, die Aufrechten mitnehmen und die Bösen verbrennen würde. Es dauerte Stunden, bis mich mein Vater beruhigen und mir glaubhaft machen konnte, daß ich nichts als ein Suchlicht gesehen hatte, das ein in der Stadt gastierender Zirkus zur Werbung nutzte. Ich hatte noch nie in meinem Leben ein Suchlicht gesehen. Ich zog den Vorhang zu, und für eine ganze Weile mochte ich den nächtlichen Sternenhimmel nicht mehr betrachten.

Meine Suche nach der wahren Natur Gottes ging weiter. Ich besuchte die Gottesdienste verschiedener Glaubensgemeinschaften und lernte weite Teile des Neuen Testamentes auswendig. Ich gelangte schließlich zu der Überzeugung, daß beim Tode eines Menschen dessen Geist gemeinsam mit dem Körper im Grabe harren würde, bis Christus am Tag der Auferstehung kommen und die Aufrechten zu sich in den Himmel holen würde. Immer wieder befaßte ich mich mit diesem Gedanken, und ich fürchtete mich vor dem Tod und der Finsternis, die ihm folgen würde.

DIE NACHT SCHREITET VORAN

In meinem Krankenzimmer waren die Vorhänge zuge-
zogen. Hatte ich das gemacht? Ich sah wieder auf die
Uhr und wäre beinahe aufgestanden, um nachzusehen,
ob sie noch richtig funktionierte. Die Zeit schien stillzu-
stehen. Ich hatte das dringende Bedürfnis, mit jemandem zu sprechen. Vielleicht hatte eine der Krankenschwestern etwas Zeit für ein Gespräch, oder ich konnte
auch zu Hause anrufen. Ich griff nach dem Telefon.
Einen Augenblick später schon hatte ich Donna, unsere
Fünfzehnjährige, am Apparat. Sie fragte gleich, ob es mir
gut gehe. Es war schön, die Besorgnis in ihrer Stimme zu
hören. Ich sagte ihr, daß alles in Ordnung sei und ich
mich nur ein bißchen einsam fühle. ›Papa ist noch nicht
zu Hause‹, meinte sie. Ich war enttäuscht. Ich wollte
unbedingt mit ihm sprechen. ›Mama? Bist du o.k.?‹ fragte
sie, und ich antwortete: ›Ja, es geht mir gut.‹ Doch eigentlich hätte ich sagen wollen: ›Mach, daß du Papa findest,
und schick ihn hierher zu mir! Sieh zu, daß er so schnell
wie möglich bei mir ist!‹ Meine ungute Vorahnung wurde
immer stärker.
Ich hörte die Stimmen meiner Kinder am anderen Ende
der Leitung: ›Ich will auch mit Mama sprechen.‹
›Mensch, laß mich auch mal ran!‹ ›Das sag ich Papa!‹ Und

dieses mir so vertraute Stimmengewirr ließ mich für einen Augenblick meine Gefühle vergessen. Es dauerte eine halbe Stunde, bis ich mich von jedem einzelnen meiner Kinder verabschiedet und gute Nacht gewünscht hatte. Doch als ich den Hörer auflegte, ergriff mich sofort wieder die Einsamkeit. Der Raum erschien mir dunkler, und das Krankenhaus schien mir unendlich weit und nicht nur wenige Kilometer von zu Hause entfernt zu sein. Meine Familie war mein Leben, und es ängstigte und verletzte mich, von ihr getrennt zu sein. Doch wie ich so dalag und an jedes einzelne meiner Kinder und natürlich auch an meinen Mann Joe dachte, fühlte ich mich besser, und zu diesem Zeitpunkt hätte mich niemand auf der Welt glauben machen können, daß es mir nur wenige Stunden später überhaupt nichts ausmachen sollte, ob ich jemals zu ihnen zurückkehrte – ja, daß ich sogar darum bettelte, *nicht* mehr zu ihnen zurückzukehren.

Ich hatte immer gedacht, daß mein Mann und meine Kinder mir mit der Zeit die Familie ersetzen würden, die ich während meiner Kindheit so sehr vermißt hatte. Ich hatte mir das bei meiner Heirat selbst versprochen – meine Familie sollte für mich ganz vorne stehen und meine Hauptzufluchtsstätte sein. Ich schwor mir, meinen Mann zu lieben und mit ihm durch dick und dünn zu gehen und daß unsere Kinder sich immer darauf verlassen könnten, daß wir beide zusammenbleiben würden.

Als ich fünfzehn wurde, zog ich zu meiner Mutter. Mein Vater war der Ansicht, eine heranreifende junge Frau solle bei ihrer Mutter leben – nicht in einem Internat oder bei ihm. Und meine Mutter brauchte einen Baby-sitter, während sie ihrem Ganztagsjob nachging. So wur-de ich aus der Schule genommen und blieb zu Hause, um mich um meine jüngste Schwester zu kümmern. Wie ich so Tag für Tag daheim war und beobachtete, wie die Nachbarskinder morgens in die Schule gingen und nach-mittags wieder heimkamen, fing ich an, mich selbst zu bedauern. Ich wußte noch nicht, welchen Stellenwert eine Ausbildung für mein späteres Leben haben sollte, doch mir war klar, daß ich die Gesellschaft von Freunden und meiner übrigen Geschwister vermißte. Schon nach kurzem erkannte ich, daß es der einzige Ausweg für mich war, zu heiraten und eine eigene Familie zu gründen. Ich fühlte, daß mein Leben von den Bedürfnissen anderer dominiert wurde und daß ich mein Recht auf jedes per-sönliche Glück verlor. Ich wollte meine eigene Kleidung, ein eigenes Bett, ein eigenes Zuhause. Ich wollte einen Mann, dem ich vertrauen konnte und den ich immer lieben würde, ganz gleich, was auch geschah.

So war es kaum verwunderlich, daß ich mich Hals über Kopf in den Jungen von nebenan verliebte und ihn schon im folgenden Frühjahr heiratete. Mein Vater war strikt dagegen, doch ich lebte bei meiner Mutter, und sie war auf meiner Seite. Ich war fünfzehn und hatte eine sehr naive Vorstellung davon, welche Anforderungen eine richtige Familie an mich stellen würde. Unser beider Unreife und die Tatsache, daß wir sehr verschiedene Lebensziele vor Augen hatten, sollte unserer Ehe sechs Jahre später ein Ende setzen. Mein Traum war aus und meine Seele verletzt, und es war viel Geduld und Liebe erforderlich, um sie zu heilen. Ich habe den Schritt in diese Ehe dennoch nie bedauert, denn sie bescherte mir vier wunderbare Kinder. Meine ersten beiden waren Mädchen, Donna und Cheryl, und dann bekam ich unseren Sohn Glen. Unsere Jüngste, Cynthia, starb mit drei Monaten an plötzlichem Kindstod.

Ich traf Joe im Jahr nach meiner Scheidung auf einem Weihnachtsball. Er war auf der Stead Air Force Base ganz in der Nähe von meinem damaligen Wohnort Reno im US-Bundesstaat Nevada stationiert. Auch Joe hatte eine Scheidung hinter sich, und bei näherem Kennenlernen stellte ich fest, daß wir sehr viel gemeinsam hatten. Er kam aus ähnlichen Familienverhältnissen wie ich, und auch er wünschte sich nichts sehnlicher als einen starken Familienverband. Wir schienen wie füreinander geschaffen. Selbst meine Kinder wollten, daß er bei uns war, anfangs vielleicht noch mehr als ich, und so entschlossen wir uns schon bald zu heiraten.

Von Anfang an schien unser Zusammenleben zu schön, um wahr zu sein. Joe war zärtlich, wie ich es bei keinem anderen Mann erlebt hatte. Er war unglaublich geduldig mit den Kindern, konnte sich aber dennoch bei ihnen durchsetzen. Die Kinder stritten sich darum, wer ihn abends nach der Arbeit an der Haustüre als erster begrüßen durfte. Von Anfang an war Joe ihr ›Papa‹ – in jeder Hinsicht.

Wir *wollten* zusammenbleiben, und diese Tatsache ebenso wie unsere größere Reife sollte sich als der ›Kitt‹ erweisen, der unsere Beziehung all die Jahre zusammenhielt. Bei all unseren Umzügen und bei unseren Bemühungen, uns unser Leben einzurichten, waren wir die Verpflichtung eingegangen, alle anstehenden Probleme zu lösen und unsere Familie zusammenzuhalten. Unsere Wünsche und Bestrebungen galten in erster Linie der Familie und erst in zweiter Linie uns selbst.

Im Juli 1963 wurde Joe zur Randolph Air Force Base in San Antonio, Texas, versetzt. Die Computer waren gerade im Kommen, und Joe wurde zum Programmierer umgeschult. Während der vier Jahre, die wir in Texas lebten, brachte ich zwei Jungen zur Welt, Joseph und Stewart Jeffry.

Es war, als würde ein Traum für uns in Erfüllung gehen. Wir hatten ein neues Auto und ein neues Haus, *sogar mit Klimaanlage!* Die Kinder hatten genug anzuziehen, und ich brauchte nicht arbeiten zu gehen, sondern konnte daheim bleiben und mich um sie kümmern. Ich war rundum glücklich und zufrieden. Die Sicherheit und das Glück, das ich nun empfand, schien eine Ewigkeit entfernt von jenen Internatsjahren, der Einsamkeit meiner Kindertage und meiner gescheiterten Ehe. Dennoch wußte ich, daß irgend etwas fehlte.

Ich betete noch immer, doch mein Verhältnis zu Gott war eher distanziert und von Angst geprägt. Ich wußte, daß er meine Gebete manches Mal erhört hatte – so zum Beispiel in der Zeit nach meiner Scheidung. Als ich ihn damals angefleht hatte, er möge mir jemanden schicken, der mich liebt und mir bei der Erziehung meiner Kinder zur Seite steht, ließ er mich geradewegs in Joes Arme laufen. Ich glaubte, daß Gott real sei und seine Kinder – ungeachtet seiner offensichtlichen Rachsucht – liebte, doch ich wußte nicht, wie ich diese Liebe in mein Leben integrieren oder mit meinen Kindern teilen sollte. Ich sprach mit Joe darüber und schlug vor, sonntags wieder zur Messe zu gehen. Er zeigte jedoch in dieser Hinsicht weniger Interesse als ich, denn seine bisherigen Erfahrungen mit der Religion hatten ihn desillusioniert. Ich respektierte seinen Standpunkt, wollte aber dennoch in unserer Familie eine stärkere religiöse Ausrichtung erreichen. Wir besuchten die Messe einiger der ortsansässigen Kirchen, doch es gefiel uns nirgends, und so ließen wir die Sache nach einiger Zeit wieder auf sich beruhen. Meine religiösen Anschauungen sollten über Jahre hinweg unklar bleiben.

Eine Krankenschwester betrat mein Zimmer und unterbrach meine Gedankengänge. Sie brachte mir ein Gläschen mit Schlaftabletten, doch ich wollte sie nicht nehmen, denn ich hatte eine Aversion gegen fast jede Art von Arzneimitteln. Schon seit langem hatte ich Angst vor Medikamenten, und selbst Aspirin nahm ich nur sehr selten. Es war mir lieber, Kopfschmerzen oder Krankheiten, ohne etwas zu nehmen, auszuhalten. Die Krankenschwester verließ das Zimmer und überließ mich wieder meinen Gedanken. In der absoluten Einsamkeit der Nacht dachte ich nun an die Operation, die mir in wenigen Stunden bevorstand. Würde alles gutgehen? Ich hatte von vielen Patienten gehört, die auf dem Operationstisch gestorben waren. Würde auch ich nicht mehr aus der Narkose erwachen? Bilder von Friedhöfen drängten sich mir auf. Ich sah Grabsteine und Kreuze, die am Halse von im Sarge begrabenen Skeletten hingen. Ich grübelte darüber, was wohl die letzte Ölung bedeute, von der ich in meiner Jugend gehört hatte. Ich versuchte eine Erklärung dafür zu finden, warum Tote ein Kreuz trugen. Wollte man Gott damit zeigen, daß sie Heilige seien? Oder waren es Sünder, die Schutz vor den Dämonen der Hölle suchten? Düstere Gefühle überfielen mich, und die Dunkelheit machte mir angst. Schließlich griff ich nach der Klingel und rief die Schwester.

›Könnten Sie mir doch ein paar von den Schlaftabletten bringen?‹ bat ich sie, als sie hereinkam. Sie sah mich einen Augenblick verwundert an, brachte mir dann aber die Tabletten. Ich nahm sie und dankte ihr. Sie schaltete das Licht aus und schloß die Tür hinter sich. Es dauerte eine Weile, bis ich müde wurde. Dann schließlich sprach ich mein Nachtgebet und schlief ein.

DER ZWEITE TAG

Bald wurde es Morgen und an den Rändern des Vorhangs blitzten die ersten Sonnenstrahlen ins Zimmer. Die Operation war für die Mittagszeit angesetzt. Ich konnte entweder aufstehen und stundenlang warten oder mich dem Luxus des Ausschlafens hingeben. Die Schlaftabletten steckten mir immer noch in den Gliedern, oder vielleicht war ich kaputt von meiner Angst und den Sorgen, die ich mir in der vergangenen Nacht gemacht hatte. Jetzt, da das Tageslicht zurückgekehrt war und meinen Raum mit neuem Leben erfüllte, entspannte ich und dachte daran, wie ich das letztemal in einem Krankenhaus gewesen war. Meine Ängste der letzten Nacht waren nichts im Vergleich zu dem, was ich damals ausgestanden hatte. Diesmal wußte ich wenigstens, was man mit mir *vorhatte*.

Joe war 1967 aus der Air Force ausgeschieden, und wir hatten eine Weile überlegt, welchen der ihm offenstehenden beruflichen Wege er einschlagen sollte. Computer waren zu einer eigenständigen Industrie geworden, und mit seiner Ausbildung standen ihm alle Tore offen. Wir mußten uns nur entscheiden, wohin wir gehen wollten. Schließlich beschlossen wir, in den pazifischen Nordwesten zu ziehen, wo Joe eine Stelle in einem großen Luftfahrtunternehmen angeboten worden war. Das Klima dort erschien uns eine willkommene Abwechslung zur trockenen Hitze, wie wir sie in Texas gewohnt waren. Außerdem würden wir so näher bei meinem Vater und seiner Frau sein, die ebenfalls im Nordwesten lebten.

Kurz nach unserem Umzug wurde ich schwanger mit unserem siebenten Kind. Das war nicht gerade die Art von Überraschung, die wir uns gewünscht hatten. Fünf lebende Kinder, so glaubten wir, war gerade die richtige Zahl, für die wir sorgen konnten, und wir hatten Vorkehrungen getroffen, um eine weitere Schwangerschaft zu verhindern. Mein Körper war von meinen sechs Schwangerschaften geschwächt, und die Ärzte hatten mir von einem weiteren Kind abgeraten.

Im dritten Monat bekam ich starke Krämpfe und Blutungen. Nach Aussage der Ärzte ging Fötusgewebe ab. Deswegen und angesichts der darüber hinaus zu erwartenden Komplikationen gingen sie mit Sicherheit davon aus, daß ich bald eine Fehlgeburt haben würde. Die Blutungen hörten nicht auf, und ich wurde für eine Woche ins Krankenhaus eingewiesen. Wir erwarteten, daß mein Körper den beschädigten Fötus auf natürliche Weise abstoßen würde. Doch schon bald wurde deutlich, daß ich keinen Abgang haben würde, und so riet mir einer der Ärzte zu einem Abbruch. Das Kind würde, falls ich es austragen sollte, mit körperlichen Behinderungen geboren werden, so glaubte er. Ich hatte keinen Grund, seine Aussage anzuzweifeln. Ich besprach die Sache mit Joe, und wir beschlossen, daß dies der richtige Weg sei.

Am Tag vor dem geplanten Schwangerschaftsabbruch kam ich ins Krankenhaus und wurde dort von einem weiteren Ärzteteam untersucht. Auch sie waren der Meinung, daß man wie geplant vorgehen sollte. Als der letzte der Ärzte beim Verlassen des Raumes an meinem Bett vorbeiging, sagte er: ›Wir verstehen nicht, warum der kleine Kerl da drinnen so hartnäckig ist.‹ Plötzlich wurde mir eiskalt in allen Gliedern, und ich dachte: ›Mach das bloß nicht. Du mußt dieses Kind haben. Es will geboren werden.‹

Als Joe an jenem Abend zu mir in die Klinik kam, erzählte ich ihm, was die Ärzte gesagt hatten, und auch, daß ich den Eindruck hatte, daß dieses Kind dennoch geboren werden sollte. Wir überlegten, ob ich die Schwangerschaft fortsetzen und ein behindertes Kind zur Welt bringen sollte. Wir wollten es beide nicht, doch ich wußte, daß ich mir ewig Vorwürfe machen würde, wenn ich dieses Kind jetzt abtreiben ließe. Joe war einverstanden, und später am Abend sprachen wir mit den Ärzten und erläuterten ihnen unseren Standpunkt. Sie waren entsetzt. Eine Abtreibung des geschädigten Fötus sei unumgänglich. Kein Arzt könne einer Fortsetzung der Schwangerschaft zustimmen, und mit ihnen sei auf keinen Fall zu rechnen.

Am nächsten Tag wurde ich aus dem Krankenhaus entlassen und machte mich auf die Suche nach einem Arzt, der mich unter meinen Bedingungen als Patientin aufnehmen würde. Schließlich kam ich zu einem jungen Arzt, der erst vor kurzem eine eigene Praxis eröffnet hatte, nachdem er mehrere Jahre bei der Air Force gewesen war. Wegen des gemeinsamen Hintergrundes fühlte er eine gewisse Verbundenheit mit Joe, und er war bereit, meine Behandlung zu übernehmen. Nach seiner Ansicht bestanden gewisse Aussichten, daß das Kind lebend geboren würde, doch auch er fürchtete, es würde geschädigt zur Welt kommen. Er verordnete mir Bettruhe und gab eine ganze Reihe von Anweisungen, die ich zu befolgen hatte.

Joe und die Kinder halfen, wo es ging, um mich im Haushalt zu ersetzen, und ich nutzte meine Zeit, um im Fernstudium meine High-School-Ausbildung abzuschließen. Die Monate vergingen, und der errechnete Termin rückte schnell näher. Meine Angst wuchs. Wir bereiteten die Kinder auf den wahrscheinlichen Ausgang der Schwangerschaft vor und erklärten ihnen, daß das Baby entweder behindert, womöglich mit fehlenden Körperteilen, oder tot geboren werden würde. Joe und ich versuchten uns gegenseitig zu trösten, indem wir uns meine Gefühle in Erinnerung riefen, nachdem der Doktor von dem ›hartnäckigen kleinen Kerl da drinnen‹ gesprochen hatte. Zu jener Zeit waren Väter noch nicht im Kreißsaal erwünscht, und ich hatte schreckliche Angst davor, die Geburt ohne Joe durchstehen zu müssen. Schließlich erklärte man sich im Krankenhaus bereit, daß er während der Entbindung bei mir bleiben dürfe, doch man hatte Bedenken wegen seiner möglichen Reaktionen. Man teilte ihm mit, daß man sich, sollte er ohnmächtig werden oder aus anderen Gründen ärztliche Hilfe benötigen, in erster Linie um mich kümmern müsse. Er mußte eine Erklärung unterschreiben, durch die er das

Krankenhaus von jeder diesbezüglichen Verantwortung freisprach.

Am 19. Juni 1968 setzten die Wehen ein, und ich ging ins Krankenhaus. Ich hatte solche Angst, daß ich am ganzen Leib zitterte. Joe stand neben mir im Kreißsaal. Er hielt meine Hand und streichelte mein Haar. Er mußte einen grünen Kittel und einen weißen Mundschutz tragen, genauso wie die Ärzte. Seine graublauen Augen versuchten, mich zu beruhigen, doch am heftigen Auf und Ab des Mundschutzes konnte ich erkennen, daß er ebenso große Angst hatte wie ich. Als die Entbindung ihrem Ende entgegenging, hielten wir uns ganz fest bei den Händen.

Als das Baby geboren war, beobachtete ich die Augen des Arztes. Ich wußte sofort, daß unsere monatelangen Ängste und Sorgen umsonst gewesen waren. Er legte mir das Kind auf den Bauch, damit ich es halten könne. Joe und ich betrachteten es von Kopf bis Fuß und brachen in Tränen aus. Unserem Sohn fehlte nichts; er war vollkommen gesund! Als ich ihn so in meinen Armen hielt, wußte ich, daß die Vorsehung dieses Kind geschickt hatte und es wirklich unbedingt in unserer Familie geboren werden wollte.

Ich hätte zwar meinen Entschluß um nichts auf der Welt geändert, dennoch hatte die Schwangerschaft meinem Körper ihren Tribut abverlangt. In den folgenden Jahren traten eine Reihe von Problemen auf, bis mir mein Arzt schließlich eine Hysterektomie, also eine Entfernung der Gebärmutter, nahelegte. Nach sorgfältigem Abwägen und Rücksprache mit Joe entschied ich mich dafür, den

Empfehlungen des Arztes zu folgen, und so wurde ein Termin für die Operation anberaumt.

Nun, am Morgen der Operation, kam eine mir bis dahin unbekannte Krankenschwester zu mir ins Zimmer. Sie wollte mir eine Injektion geben, um mich für die Operation ruhigzustellen. Ich fand es irgendwie lustig, daß sie mich aufweckte, um mir ein Schlafmittel zu spritzen. Wahrscheinlich hätte ich gelacht, wenn nicht die Wirkung des Medikaments bereits eingesetzt und ich nicht seine Wärme im ganzen Körper gefühlt hätte. Der Arzt mußte irgendwie hinzugekommen sein, denn ich hörte seine Stimme fragen: ›Ist sie bereit?‹ Und dann wurde alles langsam dunkel.

Erst am Nachmittag kam ich langsam wieder zu Bewußtsein. Mein Arzt stand neben meinem Bett. Er sagte, die Operation sei gut verlaufen und daß ich mich schon bald besser fühlen würde. Und ich erinnere mich, daß ich dachte, ›Na bestens! Nun kann ich mich endlich ausruhen und brauche keine Angst mehr vor der Operation zu haben.‹ Bei diesem Gedanken schlief ich sofort wieder ein.

Gegen Abend wachte ich auf und sah mich um. Ich lag zwar in einem Zweibettzimmer, doch ich war allein. Das andere Bett stand leer. Das Zimmer war freundlich eingerichtet und mit einer hellen gelb-orange gestreiften Tapete ausgekleidet. Ein bißchen grell für meinen Geschmack, doch freundlich. Mein Blick fiel auf die beiden Nachttische, die zwei Schränke, den Fernseher und das große Fenster neben meinem Bett. Ich hatte um einen Platz am Fenster gebeten, weil ich seit meiner Kindheit unter Platzangst litt. Es war dunkel draußen, und nur das Nachtlicht über dem Waschbecken an der Tür sorgte für etwas Helligkeit. Ich klingelte der Schwester und bat sie um etwas Wasser. Sie meinte, ich habe bereits am Nachmittag Eisstückchen zum Lutschen bekommen, doch daran konnte ich mich nicht mehr erinnern. Und sie erzählte mir, daß mein Mann und ein paar Freunde dagewesen seien, um mich zu besuchen, doch auch an sie fehlte mir jede Erinnerung. Ich war mir jedoch darüber im klaren, daß mein Make-up völlig verschmiert war und daß ich eigentlich nicht wollte, daß mich jemand ohne mein Wissen in diesem Zustand sah. Und dann auch noch in diesem Nachthemd – es bedeckte nur eben das Allernötigste! Ich würde mit Joe darüber sprechen müssen, ob es sinnvoll sei, seine Freunde hierher mitzubringen.

Um neun Uhr brachte mir die Schwester die Medikamente für die Nacht. Abgesehen von einem geringen Wundschmerz fühlte ich mich gut. Ich nahm die Tabletten und beschloß, vor dem Einschlafen noch etwas fernzusehen. Ich muß wohl eingeschlafen sein, denn als ich das nächste Mal auf die Uhr sah, war es halb zehn. Ich fühlte mich plötzlich irgendwie übermütig und hatte das dringende Bedürfnis, Joe anzurufen. Ich griff nach dem Telefon und schaffte es irgendwie zu wählen. Ich kann mich nicht mehr an unser Gespräch erinnern – ich wurde so müde, daß ich nur noch schlafen wollte. Ich schaltete noch den Fernseher aus und zog meine Decke hoch. Ich fror bis auf die Knochen und fühlte mich so schwach wie nie zuvor.

MEIN TOD

Ich muß erneut geschlafen haben, doch nicht lange, denn die Uhr schien immer noch auf halb zehn zu stehen. Plötzlich erwachte ich mit einem ganz sonderbaren Gefühl. Es war, als warnten mich all meine Sinne vor einer bevorstehenden Gefahr. Ich sah mich im Zimmer um. Die Tür war halb geschlossen. Das Nachtlicht über dem Waschbecken brannte noch. Ich war hellwach, und meine Angst wuchs. Ich hatte das Gefühl, nicht allein zu sein, und merkte, wie mein Körper immer schwächer und schwächer wurde.

Ich griff nach der Klingel am Bett, um die Schwester zu rufen. Doch wie sehr ich mich auch bemühte, ich konnte mich einfach nicht bewegen. Ich hatte das schreckliche Gefühl, in die Tiefe zu sinken, so als ob die letzten Blutstropfen aus mir herausgepreßt würden. Ich spürte ein leichtes Dröhnen im Kopf und sank weiter hinab, bis ich fühlte, wie mein Körper ruhig und leblos wurde.

Dann fühlte ich ein Aufwallen von Energie, so als ob etwas in mir platzte, etwas in mir freigesetzt wurde, und mein Geist wurde plötzlich aus meiner Brust hinaus nach oben gezogen wie von einem riesigen Magneten. Mein erster Eindruck war der, frei zu sein. Diese Erfahrung barg nichts Unnatürliches. Ich schwebte über meinem

Bett, etwas unterhalb der Decke. Ich hatte ein Gefühl der grenzenlosen Freiheit, und es schien mir, als hätte ich nie etwas anderes getan. Ich drehte mich um und sah jemanden auf dem Bett liegen. Ich war neugierig, wer das wohl sei, und bewegte mich sogleich zu ihm hinab. Ich hatte als freiwillige Helferin in der Sterbebegleitung gearbeitet und schon viele Tote gesehen, und als ich mich dem Gesicht näherte, wußte ich sofort, daß es leblos war. Und dann erkannte ich, daß es *mein* Körper war, der da lag. Wer da auf dem Bett lag, das war ich selbst! Ich war weder überrascht noch erschrocken. Ich empfand nur ein gewisses Mitgefühl für jenen Körper. Jetzt, da er tot war, erschien er mir jünger und hübscher, als ich ihn in Erinnerung hatte. Doch jetzt war er tot. Es war, als habe ich ein altes Kleidungsstück ausgezogen und für immer beiseite gelegt, und das war schade, weil es eigentlich noch ganz gut war – es war noch ganz brauchbar. Es wurde mir bewußt, daß ich mich noch nie zuvor dreidimensional gesehen hatte; ich hatte mich bisher immer nur im Spiegel betrachtet, und der hat nur eine flache Oberfläche. Doch das geistige Auge sieht in mehr Dimensionen als die Augen des sterblichen Körpers. Ich sah meinen Körper von allen Seiten gleichzeitig: von vorne, von hinten und von den Seiten. Ich sah Merkmale meiner Physis, die mir bisher entgangen waren und die einen vollkommeneren, ganzheitlicheren Eindruck von mir gaben. Vielleicht lag es daran, daß ich mich im ersten Augenblick gar nicht erkannt hatte.

Mein neuer Körper war schwerelos und extrem beweglich, und mein neuer Seinszustand faszinierte mich. Hatte ich noch wenige Augenblicke zuvor die Schmerzen der Operation verspürt, so war ich nun völlig beschwerdefrei. Ich war in jeder Hinsicht ganz – vollkommen! Und ich dachte: ›So bin ich also in Wirklichkeit.‹

Ich wandte meine Aufmerksamkeit wieder meinem Körper zu. Mir wurde bewußt, daß noch niemand gemerkt hatte, daß ich gestorben war, und ich hatte das dringende Bedürfnis, es jemandem mitzuteilen. ›Ich bin tot‹, dachte ich, ›und niemand ist hier, der es bemerkt.‹ Doch bevor ich mich bewegen konnte, erschienen plötzlich drei Männer neben mir. Sie waren in wundervolle, hellbraune Gewänder gekleidet, und einer von ihnen trug eine Kapuze. Sie alle hatten eine goldene Kordel um die Taille geschlungen, deren Enden lose herabhingen. Es ging eine Art Licht von ihnen aus, doch es war nicht sonderlich hell, und dann bemerkte ich, daß auch mein eigener Körper ein sanftes Leuchten ausstrahlte und daß unser aller Licht zu einem gemeinsamen verschmolzen war. Ich hatte keine Angst. Die Männer waren dem Anschein nach etwa siebzig bis achtzig Jahre alt, doch ich wußte irgendwie, daß ihre Zeitrechnung anders war als auf der Erde. Ich hatte den Eindruck, daß sie viel älter waren als siebzig oder achtzig – daß sie uralt sein mußten. Ich fühlte in ihnen ein großes Maß an Spiritualität, Wissen und Weisheit. Ich glaube, sie erschienen mir in diesen Roben, um diese Tugenden zum Ausdruck zu bringen. Ich fing an, sie als Mönche anzusehen – vor allem wegen der Roben –, und ich wußte, daß ich ihnen vertrauen konnte. Sie sprachen zu mir.

Sie seien seit ›Ewigkeiten‹ bei mir gewesen, so meinten

sie. Ich konnte das nicht ganz verstehen; es war schwierig für mich, mit der Vorstellung von Ewigkeit etwas anzufangen, geschweige denn von Ewigkeiten. Ewigkeit war für mich etwas Zukünftiges, doch diese Wesen sagten, sie seien seit Ewigkeiten in der Vergangenheit bei mir gewesen. Das war noch schwieriger zu verstehen. Dann tauchten Bilder in mir auf, von lange vergangenen Zeiten, von einer Existenz vor dem Leben auf Erden, von meiner ›früheren‹ Beziehung zu diesen Männern. Und als sich diese Szenen in meinem Geiste entfalteten, wußte ich, daß wir uns in der Tat seit ›Ewigkeiten‹ gekannt hatten. In meinem Geiste kristallisierte sich das Wissen um ein vorirdisches Leben heraus, und ich sah, daß der Tod eigentlich eine Wiedergeburt in ein größeres Leben voll Verständnis und Wissen war, das sich vorwärts und rückwärts durch die Zeit erstreckte. Und ich wußte, daß dies meine auserkorenen Freunde in jenem größeren Leben waren und daß es ihr Wunsch war, bei mir zu sein. Sie erklärten, daß sie gemeinsam mit anderen während meines Lebens auf der Erde als Schutzengel über mich gewacht hatten. Doch diese drei, so fühlte ich, waren etwas ganz Besonderes, sie waren zudem meine Geisthelfer.

Sie sagten, ich sei zu früh gestorben. Irgendwie vermittelten sie mir ein Gefühl des Friedens und meinten, ich solle mir keine Sorgen machen, alles würde gut werden. Während sie mir dieses Gefühl vermittelten, spürte ich ihre tiefempfundene Liebe und Anteilnahme. Diese Gefühle und andere Gedanken wurden von Geist zu Geist vermittelt – von Intelligenz zu Intelligenz. Zuerst dachte ich, sie würden ihren Mund benutzen, doch nur, weil ich daran gewöhnt war, daß Menschen ›sprechen‹. Sie kommunizierten wesentlich schneller und vollständiger, auf eine Weise, die sie als ›reines Wissen‹ bezeichneten. In unserer irdischen Sprache kommt dem wohl das Wort Telepathie am nächsten, doch mit diesem Begriff läßt sich der ganze Vorgang nicht erfassen. Ich fühlte ihre Emotionen und Absichten. Ich *fühlte* ihre Liebe. Ich erfuhr ihre Gefühle. Und dies erfüllte mich mit Freude, denn sie liebten mich so sehr. Meine frühere Sprache, die Sprache meines Körpers, war wahrhaft begrenzt, und ich erkannte, daß meine damaligen Fähigkeiten, Gefühle auszudrücken, im Vergleich zur Möglichkeit des Geistes, auf diese reine Weise zu kommunizieren, gleich Null gewesen waren.

Es gab viele Dinge, die mir die drei mitteilen wollten und die ich gerne gewußt hätte, doch uns war klar, daß die Sorgen des Augenblickes Vorrang hatten. Plötzlich dachte ich an meinen Mann und meine Kinder und machte mir Gedanken, wie sich mein Tod wohl auf sie auswirken würde. Wie konnte mein Mann allein mit sechs Kindern fertig werden? Wie würden die Kinder ohne mich zurechtkommen? Ich mußte sie noch einmal sehen, und sei es nur, um meine Besorgnis zu lindern.

Ich dachte nur noch daran, das Krankenhaus zu verlassen und meine Familie zu sehen. All die Jahre hatte ich mich um sie gekümmert, mich für ihren Zusammenhalt eingesetzt, und nun, so fürchtete ich, würde ich sie verlieren. Oder sollte ich vielleicht sagen, ich hatte Angst, daß sie mich verlieren würden?

Sogleich sah ich mich nach einem Ausgang um und entdeckte das Fenster. Ich schwebte hindurch ins Freie. Schon bald würde ich lernen, daß ich kein Fenster benötigte, um einen Raum zu verlassen, ich hätte überall hinausgekonnt. Es lag nur an meinen noch nicht abgelegten Gedanken (und daher Begrenzungen) der materiellen Verhaftung, daß ich ein Fenster benutzen wollte. Mir kam es so vor, als bewege ich mich in einer Art Zeitlupe, da ich in meinen Gedanken immer noch davon ausging, einen physischen Körper zu haben, wo sich doch mein spiritueller Körper durch alles hindurch bewegen konnte, was mir vorher undurchdringlich erschienen war. Das Fenster war die ganze Zeit über geschlossen gewesen.

Der Weg nach Hause war im Nu zurückgelegt. Ich bewegte mich mit sagenhafter Geschwindigkeit, nachdem ich erst einmal diese Möglichkeit in mir erkannt hatte, und ich nahm nur am Rande das Rauschen der Bäume unter mir wahr. Ich traf keine Entscheidungen, gab mir selbst keine Anweisungen – ich dachte nur an zu Hause und wußte, daß ich mich dorthin bewegen würde. Innerhalb weniger Augenblicke war ich an unserem Haus angelangt, und ich bemerkte, wie ich in das Wohnzimmer schwebte.

Ich sah meinen Mann beim Zeitunglesen in seinem Lieblingssessel sitzen. Meine Kinder liefen treppauf, treppab, und ich wußte, daß es nun für sie Zeit zum Schlafengehen war. Zwei der Kinder waren gerade in einer Kissenschlacht – bei meinen Kindern ein völlig normaler Bestandteil des Bettgehzeremoniells. Ich hatte nicht den Wunsch, mit ihnen zu kommunizieren, sondern machte mir Gedanken, wie sie wohl ohne mich zurechtkommen würden. Wie ich so jeden einzelnen betrachtete, lief in meinem Geist eine Art Vorschau ab, so daß ich einen Blick in die Zukunft jedes einzelnen Kindes tun konnte. Ich erfuhr, daß jedes meiner Kinder auf der Erde war, um seine eigenen Erfahrungen zu sammeln, und wenn ich sie immer als ›meine‹ Kinder betrachtet hatte, so war ich einem Irrtum erlegen. Wie ich selbst, waren auch sie Individuen und mit einer Intelligenz ausgestattet, die sich vor ihrem Leben auf der Erde entwickelt hatte. Jedes von ihnen hatte seinen eigenen freien Willen, um sein Leben ganz nach seinen Wünschen zu gestalten. Ich wußte, daß man ihnen diesen freien Willen nicht vorenthalten durfte. Sie waren lediglich meiner Obhut anvertraut worden. Ich wußte, daß meine Kinder ihren eigenen Lebensplan hatten – wenn ich mich auch jetzt nicht mehr an dessen Einzelheiten erinnern kann – und daß auch sie nach Vollendung dieses Planes ihren Aufenthalt auf der Erde beenden würden. Ich sah einige der Herausforderungen und Schwierigkeiten, die ihnen bevorstanden, doch ich wußte, daß sie diese für ihr Wachstum benötigten. Es gab keinen Anlaß zu Sorge oder Furcht. Am Ende würde für jedes meiner Kinder alles gut sein, und ich wußte, daß wir schon nach kurzer Zeit alle wieder beisammen sein würden. Ich war voller Gelassenheit. Mein Mann und meine geliebten Kinder, diese Familie, die ich mir so lange ersehnt hatte, würden es schon schaffen. Ich wußte, daß sie ihren Weg gehen würden, ebenso wie ich den meinen.

Ich war dankbar für diese Einsicht und fühlte, daß sie mir zuteil wurde, um mir den Übergang durch den Tod zu erleichtern.

Nun erfüllte mich der Wunsch, in meinem eigenen Leben in die Zukunft zu gehen und all das zu erfahren, was mich erwartete. Es zog mich zurück ins Krankenhaus, doch ich erinnere mich nicht mehr an den Weg. Es kam mir vor, als ob ich augenblicklich dort war. Ich sah, wie mein Körper noch immer auf dem Bett lag, einen guten halben Meter und leicht links unter mir. Auch meine drei Freunde waren noch hier und warteten auf mich. Ich fühlte erneut ihre Liebe und die Freude, die sie darüber empfanden, mir zu helfen. Da wußte ich irgendwie, daß es nun für mich an der Zeit war, mich auf den Weg zu machen. Ich wußte auch, daß meine geliebten Freunde, die Mönche, mich nicht begleiten würden.

Auf einmal hörte ich ein Rauschen.

DER TUNNEL

Du merkst, wenn du dich in der Gegenwart enormer Energie befindest. Und jetzt wußte ich es. Der Raum wurde von einem tiefen Dröhnen und Rauschen erfüllt. Ich fühlte die Kraft, die dahinterstand, eine Bewegung, die nie nachzulassen schien. Doch obwohl das Geräusch und die Kraft Ehrfurcht geboten, war ich von einem sehr angenehmen – beinahe hypnotischen – Gefühl erfüllt. Ich hörte Geläut, wie von fernen Glocken – ein wunderschöner Klang, den ich nie vergessen werde. Allmählich umfing mich Dunkelheit. Das Bett, das Licht neben der Tür, der ganze Raum schienen zu verschwimmen, und ich wurde sanft nach oben gezogen, hinein in eine riesige, wirbelnde, schwarze Masse.

Es war so, als sei ich von einem riesigen Tornado verschluckt worden. Ich konnte nichts sehen außer einer intensiven, beinahe greifbaren Dunkelheit. Diese Dunkelheit war mehr als die Abwesenheit von Licht; es war eine dichte Schwärze und mit nichts zu vergleichen, was ich bisher gesehen hatte. Mein logischer Verstand sagte mir, daß ich mich eigentlich hätte fürchten müssen, daß ich all die Ängste meiner Kindheit hätte spüren müssen, doch inmitten dieser dunklen Masse fühlte ich mich unsäglich wohl und geborgen. Ich fühlte, wie ich mich durch die Dunkelheit vorwärts bewegte und wie das Rauschen nachließ. Ich bewegte mich liegend mit den Füßen nach vorne, den Kopf leicht angehoben. Die Geschwindigkeit nahm derart zu, daß ich das Gefühl hatte, mich schneller als das Licht zu bewegen. Doch auch Frieden und Ruhe nahmen zu; ich hätte für immer in diesem wunderbaren Zustand verharren mögen, und mir war klar, daß ich dies auch hätte tun können, wenn ich es wollte.

Ich bemerkte, daß andere Menschen und Tiere mit mir reisten, doch fernab von mir. Ich sah sie nicht, fühlte allerdings, daß sie eine ähnliche Erfahrung durchlebten wie ich. Dabei empfand ich keinerlei persönliche Bindung zu ihnen und wußte, daß sie keine Bedrohung für mich darstellten; so achtete ich bald nicht mehr auf sie. Es war mir jedoch bewußt, daß einige sich nicht so wie ich vorwärts bewegten, sondern in dieser wunderbaren Schwärze verharrten. Sie verspürten entweder nicht den Wunsch nach Bewegung, oder sie wußten einfach nicht, wie sie weiterkommen sollten. Doch es gab keine Angst.

Ich fühlte, daß sich hier ein Heilungsprozeß vollzog. Liebe erfüllte diese wirbelnde, sich bewegende Masse, und ich sank noch tiefer in ihre Wärme und Schwärze und genoß die Sicherheit und den Frieden, den ich empfand. Ich dachte: ›Dies muß das Tal der Todesschatten sein.‹

Nie in meinem Leben hatte ich eine größere Ruhe empfunden.

In den Armen des Lichts

Ich sah ein winziges Licht in der Ferne. Die schwarze Masse, die mich umgab, nahm langsam die Form eines Tunnels an, durch den ich nun noch schneller reiste – hin zum Licht. Das Licht zog mich instinktiv an, doch ich fühlte auch jetzt, daß andere nicht unbedingt so wie ich empfanden. Beim Näherkommen erkannte ich die Gestalt eines Mannes in dem Licht und sah, daß es rings um ihn strahlte. Ich bewegte mich weiter darauf zu, und da fing es an zu leuchten – es leuchtete auf unbeschreibliche Weise, viel heller als die Sonne – und ich wußte, daß keine irdischen Augen in ihrem natürlichen Zustand dieses Licht schauen könnten, ohne dabei zerstört zu werden. Nur spirituelle Augen konnten es ertragen – und genießen. Ich näherte mich weiter und stand nun aufrecht.

Ich sah, daß das Licht in unmittelbarer Nähe der Gestalt golden war, so als sei ihr gesamter Körper in einen goldenen Heiligenschein getaucht, und dieser goldene Heiligenschein strahlte aus ihr heraus und verbreitete ein herrliches, leuchtendweißes Licht, das sich bis in einige Entfernung ausdehnte. Ich fühlte, wie dieses Licht buchstäblich mit dem meinen verschmolz und wie mein Licht sich zu dem ihren hingezogen fühlte. Es war, als würde das Licht zweier brennender Lampen in einem Raum ineinanderfließen. Man kann kaum sagen, wo das eine Licht aufhört und das andere anfängt; sie werden einfach zu einem einzigen Licht. Und wenn auch das Licht rings um die Gestalt viel heller war als das meine, so war mir doch bewußt, daß auch mein Licht uns beide erleuchtete. Und als unsere Lichter verschmolzen, war es, als sei ich in Seine Gegenwart getreten, und ich fühlte eine wahre Explosion der Liebe.

Es war die bedingungsloseste Liebe, die ich je empfunden habe, und als der Mann seine Arme ausbreitete, um mich willkommen zu heißen, ging ich zu ihm, und Er hüllte mich vollkommen ein in Seine Umarmung, und ich sagte immer und immer wieder: ›Ich bin zu Hause. Ich bin zu Hause. Endlich bin ich zu Hause!‹ Ich fühlte Seinen überwältigenden Geist und wußte, daß ich von jeher ein Teil von Ihm, ja in der Tat niemals von Ihm getrennt gewesen war. Und ich wußte, daß ich es wert war, bei Ihm zu sein und Ihn zu umarmen. Ich wußte, daß Er sich all meiner Sünden und Fehler bewußt war, doch diese waren für Ihn ohne Belang. Er wollte mich nur in Seinen Armen halten und Seine Liebe mit mir teilen, und ich wollte die meine mit Ihm teilen.

Ich fragte nicht, wer Er sei. Ich wußte, daß Er mein Erlöser und Freund und Gott war. Er war Jesus Christus, der mich immer geliebt hatte, selbst als ich dachte, Er müsse mich hassen. Er war das Leben selbst, die Liebe selbst, und Seine Liebe erfüllte mich mit einer schier grenzenlosen, überströmenden Freude. Ich wußte, daß ich Ihn von Anbeginn an gekannt hatte, schon lange vor meinem irdischen Dasein, denn mein Geist *erinnerte* sich an Ihn.

Mein Leben lang hatte ich Ihn gefürchtet, und nun sah ich – *wußte* ich –, daß Er mein allerbester Freund war. Sanft öffnete Er seine Arme und ließ mich eben so weit zurücktreten, daß ich Ihm in die Augen sehen konnte, und Er sagte: ›Dein Tod kam zu früh, deine Zeit ist noch nicht gekommen.‹ Nie haben mich Worte tiefer durchdrungen als diese. Bis dahin hatte ich keinen Sinn im Leben gespürt; ich hatte lediglich vor mich hin gelebt und nach ein wenig Liebe und Güte gesucht, doch dabei nie wirklich gewußt, ob das, was ich tat, auch richtig war. Durch Seine Worte erkannte ich nun eine Aufgabe, einen Sinn. Ich wußte nicht, welchen, doch ich erkannte, daß mein Leben auf Erden nicht sinnlos gewesen war.

Meine Zeit war noch nicht gekommen.

Meine Zeit würde kommen, sobald meine Aufgabe, mein Zweck und mein *Sinn* in diesem Leben erfüllt sein würden. Es gab einen Grund für meine Existenz auf Erden. Doch obwohl ich dies verstand, lehnte sich mein Geist auf. Bedeutete dies, daß ich zurückkehren müßte? Und ich sprach zu Ihm: ›Nein, ich kann Dich jetzt nie mehr verlassen.‹

Er verstand, was ich Ihm sagen wollte, ohne daß dies Seine Liebe und die für mich empfundene Akzeptanz im geringsten beeinträchtigte. Meine Gedanken rasten weiter: ›Ist das Jesus, Gott, das Wesen, vor dem ich mich mein Leben lang gefürchtet habe? Er ist ganz anders, als ich Ihn mir vorgestellt habe. Er ist voll von Liebe.‹

Auf einmal tauchten wieder Fragen in mir auf. Ich wollte wissen, warum ich so gestorben war – ich meinte nicht vorzeitig, sondern wie mein Geist vor dem Tag der Auferstehung zu Ihm gelangt sei. Ich hatte die prägenden Einflüsse der religiösen und schulischen Vorbildung aus meinen Kindheitstagen noch nicht hinter mir gelassen. Da erfüllte Sein Licht meinen Geist, und meine Fragen wurden beantwortet, noch bevor ich sie richtig gestellt hatte. Sein Licht war Wissen. Es hatte die Kraft, mich mit reiner Wahrheit zu füllen. In dem Maße, wie mein Vertrauen zunahm und ich das Licht in mich einströmen ließ, kamen meine Fragen schneller, als ich es jemals für möglich gehalten hätte, und die Antworten wurden ebenso schnell gegeben. Die Antworten waren absolut und vollkommen. Aus meiner Angst heraus hatte ich eine falsche Vorstellung vom Tod gehabt und etwas erwartet, das nicht der Wirklichkeit entsprach. Dem Geist ist nie das Grab bestimmt – nur der Körper wird dort zur Ruhe gebettet. Ich fühlte mich nicht schuldig für meinen Irrtum. Es war lediglich so, als sei die einfache, lebendige Wahrheit an die Stelle meines Irrtums getreten. Ich verstand, daß Er der Sohn Gottes und gleichzeitig auch ein Gott war, und Er hatte sich vor der Erschaffung der Welt dazu entschlossen, unser Erlöser zu sein. Ich verstand, oder besser ich *erinnerte* mich, daß Er der Erschaffer der Welt war. Seine Aufgabe war es, auf die Welt zu kommen und Liebe zu lehren. Dieses Wissen war in der Tat eher ein Sicherinnern. Gedanken an eine Zeit lange vor meinem Leben auf Erden kamen zu mir zurück, Gedanken, die nach meiner Geburt absichtlich durch einen Schleier des Vergessens vor mir verborgen worden waren.

Als mehr und mehr Fragen aus mir hervorsprudelten, fiel mir Sein Sinn für Humor auf. Fast lachend empfahl Er mir, langsam zu machen, denn ich könne alles erfahren, was ich wolle. Doch ich wollte *alles* wissen, von Anfang bis Ende. Meine Neugier war stets eine Plage gewesen – für meine Eltern, meinen Mann und manchmal gar für mich selbst –, doch jetzt erwies sie sich als Segen, und ich war fasziniert von der Freiheit des Lernens. Ich wurde vom Meister selbst unterwiesen! Und mein Verständnis war dergestalt, daß ich in einem Augenblick ganze Bände in mich aufnehmen konnte. Es war, als brauchte ich ein Buch nur anzusehen, um es auf einmal zu verstehen – als brauchte ich mich nur zurückzulehnen, während sich das Buch mir offenbarte, in allen seinen Einzelheiten von vorne bis hinten, inwendig und auswendig, mit jeder Nuance und möglichen Anspielung. Und das alles in einem einzigen Augenblick. Und sobald ich eine Sache verstanden hatte, kamen neue Fragen und Antworten in mir hoch, die eine auf der anderen aufbauend und sich gegenseitig bedingend, als ob alle Wahrheit im Innersten verbunden sei. Nie war das Wort ›allwissend‹ so bedeutungsvoll für mich gewesen. Wissen durchdrang mich, ja in gewisser Weise wurde ich selbst das Wissen, und ich war fasziniert von meiner Fähigkeit, die Geheimnisse des Universums einfach dadurch zu verstehen, daß ich über sie nachdachte.

Ich wollte wissen, warum es auf der Welt so viele verschiedene Glaubensrichtungen gibt. Warum gab uns Gott nicht eine Kirche, eine reine Religion. Die Antwort kam unmittelbar. Jeder von uns, so erfuhr ich, befindet sich auf einer unterschiedlichen Ebene der spirituellen Entfaltung und des Verstehens. Für jeden paßt daher jeweils eine ganz besondere Prägung der verschiedenen Ebenen spirituellen Wissens. Alle Religionen der Welt sind notwendig, denn stets gibt es Menschen, die deren jeweilige Lehren benötigen. Die Gläubigen einer bestimmten Religion mögen vielleicht kein umfassendes Verständnis für die ›Frohe Botschaft Gottes‹ haben und, solange sie ihrer Religion angehören, vielleicht auch nie zu diesem Verständnis gelangen. Doch diese Religion dient als Grundstein für die Erlangung weiteren Wissens. Jede Glaubensrichtung erfüllt spirituelle Bedürfnisse, denen andere Kirchen womöglich nicht gerecht werden. Keine Kirche kann jedermanns Bedürfnisse auf allen Ebenen erfüllen. Wenn der einzelne zu einem weiterführenden Verständnis von Gott und Seiner ewigen Evolution gelangt, ist er vielleicht nicht mehr mit der Lehre seiner bisherigen Kirche zufrieden und macht sich auf die Suche nach einer anderen Philosophie oder Religion, um die entstehende Lücke zu schließen. Wenn dies geschieht, hat er eine andere Ebene des Verstehens erreicht und sehnt sich nach mehr Wahrheit und Wissen und nach weiteren Wachstumschancen. Und mit jedem Schritt auf dem Weg werden ihm solche neuen Möglichkeiten zu lernen geboten.

Nachdem ich dieses Wissen empfangen hatte, wußte ich,

daß wir kein Recht haben, auch nur eine der Kirchen oder Religionen in irgendeiner Weise zu kritisieren. Sie alle sind aus Seiner Sicht wertvoll und wichtig. Ganz besondere Menschen mit bedeutenden Aufgaben wurden in alle Länder, in alle Religionen und jedes Stadium des Lebens entsandt, auf daß sie andere erreichen. Es *gibt in der Tat* ein vollkommenes Verständnis der Frohen Botschaft, doch die meisten Menschen werden es hier auf Erden nicht erlangen. Um ihre ganze Wahrheit zu erfassen, müssen wir dem Geist lauschen und unser Ego loslassen.

Ich fragte nach dem Sinn des irdischen Lebens. Warum sind wir hier? Und während ich mich in der Liebe Jesu Christi sonnte, konnte ich mir nicht vorstellen, warum irgendein Geist dieses wunderbare Paradies mit allem, was es zu bieten hatte – Welten, die es zu erkunden, Ideen, die es zu erdenken, und Wissen, das es zu gewinnen galt –, freiwillig verlassen mochte. Warum würde irgend jemand zur Erde kommen wollen? Als Antwort auf meine Frage *erinnerte* ich mich an die Erschaffung der Erde, ja ich erfuhr sie so, als würde sie vor meinen Augen neu in Szene gesetzt. Das war sehr wichtig. Jesus wünschte, daß ich dieses Wissen verinnerlichte. Er wollte mich fühlen lassen, was ich während des Schöpfungsprozesses empfunden hatte. Und dies konnte nur dadurch geschehen, daß ich es nochmals miterleben und mit-*fühlen* konnte.

Vor Beginn der Sterblichkeit auf Erden nahmen alle Menschen als Geistwesen an der Erschaffung der Welt teil. Es begeisterte uns, mit dabeizusein. Wir waren mit

Gott, und wir wußten, daß Er uns erschaffen hatte, daß wir Seine eigenen Kinder waren. Er freute sich an unserer Entfaltung und empfand für jeden von uns absolute Liebe. Auch Jesus Christus war da. Sehr zu meiner Überraschung erfuhr ich, daß Jesus Christus ein eigenes Wesen neben Gott sei – ein eigenes Wesen mit einer eigenen göttlichen Aufgabe –, und ich lernte, daß Gott unser gemeinsamer Vater ist. Meine protestantische Vorbildung hatte mich gelehrt, daß Gottvater und Jesus Christus eins seien. Bei dieser ersten ›Versammlung‹ erklärte uns Gottvater, daß unser spirituelles Wachstum gefördert würde, indem wir eine Zeitlang auf der Erde lebten. Jeder Geist, der auf die Erde ging, trüge dazu bei, die Lebensumstände dort zu planen, unter anderem auch das Gesetz der Sterblichkeit, dem wir dort unterliegen sollten. Dazu gehörten auch die physikalischen Gesetze, wie wir sie kennen, die Begrenztheit unseres Körpers und die spirituelle Kraft, zu der wir Zugang haben würden. Wir halfen Gott bei der Entwicklung des pflanzlichen und tierischen Lebens, das es auf Erden geben sollte. Alles und jedes wurde zuerst spirituell und erst dann physisch erschaffen – Sonnensysteme, Sonnen, Monde, Sterne, Planeten, das Leben auf den Planeten, Berge, Flüsse, Seen und so weiter. Ich sah diesen Prozeß, und um mein Verständnis zu vertiefen, erklärte mir der Erlöser, daß die spirituelle Schöpfung mit einem Foto vergleichbar sei; die spirituelle Schöpfung sei wie ein scharfer Hochglanzabzug und die Erde das dazugehörige dunkle Negativ. Diese unsere Erde ist nur ein Schatten der Schönheit und der Herrlichkeit der spirituellen Schöpfung, doch sie ist genau das, was wir für unser Wachstum benötigen. Es war wichtig für mich zu verstehen, daß wir alle zur Schaffung unserer Bedingungen hier auf Erden beigetragen hatten.

Oftmals sind die kreativen Einfälle, die wir in diesem Leben haben, das Ergebnis unerkannter Inspiration. Viele unserer bedeutenden Erfindungen und sogar technologischen Entwicklungen wurden zuerst im Geiste durch spirituelle Wunder erschaffen. Erst dann empfängt der einzelne hier auf Erden die Inspiration, durch die er seine Erfindung kreiert. Ich erfuhr, daß zwischen der geistigen Welt und uns Sterblichen eine vitale, dynamische Verbindung besteht und daß wir der Geistwesen auf der anderen Seite zu unserer Entfaltung bedürfen. Ich erkannte auch, daß diese uns *sehr* gerne in jeder erdenklichen Weise helfen.

Ich sah, daß wir in der Welt jenseits der Sterblichkeit über unsere Lebensaufgabe Bescheid wußten, ja diese sogar selbst auswählten. Und ich verstand, daß unsere soziale Stellung im Leben sich nach den Zielen jener Aufgabe richtet. Durch göttliches Wissen war uns bewußt, welche Prüfungen und Erfahrungen im wesentlichen auf uns zukommen würden, und wir bereiteten uns entsprechend vor. Wir verbanden uns mit anderen – Angehörigen und Freunden –, um unsere Aufgabe besser erfüllen zu können. Wir brauchten deren Hilfe. Wir kamen als Freiwillige, ein jeder von uns mit dem Bedürfnis, all das zu lernen und zu erfahren, was Gott für uns geschaffen hatte. Ich wußte, daß jeder von uns, der sich zu einem Leben hier auf Erden entschlossen hatte, ein mutiger

Geist war. Selbst der hier unter uns am wenigsten weit Entwickelte war dort stark und mutig.

Wir erhielten den Auftrag, im Hier für uns selbst zu handeln. Unsere eigenen Handlungen bestimmen den Lauf unseres Lebens, und wir können unser Leben zu jeder Zeit ändern oder in eine neue Richtung lenken. Ich verstand, daß dies von entscheidender Bedeutung war; Gott gab uns das Versprechen, daß Er nicht in unser Leben eingreifen würde, *es sei denn, wir bäten Ihn darum.* Und in diesem Fall würde Er uns in Seinem allumfassenden Wissen dabei helfen, unsere rechtmäßigen Wünsche zu verwirklichen. Wir waren dankbar für diese Fähigkeit, unseren freien Willen zum Ausdruck bringen und uneingeschränkt ausüben zu dürfen. Auf diese Weise würden wir großes Glück erfahren oder Möglichkeiten des Leidens wählen können. Wir hatten es in der Hand, es war unsere Entscheidung.

Ich war eigentlich erleichtert festzustellen, daß die Erde weder unsere natürliche Heimat noch der Ort unseres Ursprungs ist. Ich war dankbar zu sehen, daß die Erde nur ein vorübergehender Aufenthaltsort zu unserer Unterweisung ist und daß Sünde nicht in unserer Natur liegt.

Spirituell befinden wir uns auf verschiedenen Stufen des Lichtes – das heißt des Wissens –, und dank unserer göttlichen, spirituellen Natur sind wir von dem Wunsch erfüllt, Gutes zu tun. Unser irdisches Selbst befindet sich jedoch permanent in Opposition zu unserem Geist. Ich erkannte, wie schwach das Fleisch ist. Doch es ist hartnäckig. Unser geistiger Körper mag zwar voll des Lichtes, der Wahrheit und der Liebe sein; dennoch muß er ständig kämpfen, um das Fleisch zu besiegen, und dies stärkt ihn. Wer wahrhaft weit entwickelt ist, gelangt zu einer vollkommenen Harmonie zwischen Fleisch und Geist, eine Harmonie, die ihm die Gnade des Friedens zuteil werden läßt und ihm die Fähigkeit verleiht, anderen zu helfen.

In dem Maße, wie wir es lernen, uns den Gesetzen dieser Schöpfung zu fügen, lernen wir auch, diese Gesetze zu unserem eigenen Vorteil anzuwenden. Wir lernen, in Harmonie mit den uns umgebenden kreativen Kräften zu leben. Gott hat uns mit individuellen Talenten ausgestattet, die mal mehr, mal weniger unseren Bedürfnissen entsprechen. Wenn wir diese Talente nutzen, lernen wir, mit diesen Gesetzen zu arbeiten und mit der Zeit auch diese zu verstehen, um so die Beschränkungen dieses Lebens zu überwinden. Verstehen wir diese Gesetze, so sind wir besser in der Lage, den Menschen in unserem Umfeld zu dienen. Was immer wir hier in der Welt der Sterblichkeit erreicht haben, ist bedeutungslos, sofern es nicht zum Nutzen anderer geschieht. Unsere Talente und Begabungen wurden uns gegeben, damit wir besser dienen können. Und indem wir anderen dienen, wachsen wir spirituell.

Die wichtigste Botschaft, die ich empfing, war die, daß über allem die Liebe steht. Ich erkannte, daß wir ohne Liebe rein gar nichts sind. Wir sind hier, um einander zu helfen, füreinander zu sorgen, zu verstehen und zu vergeben. Wir sind hier, um jeden Menschen, der auf Erden geboren wird, zu lieben. In ihrer irdischen Gestalt mögen sie schwarz, gelb, braun, schön, häßlich, dünn, dick, reich, arm, intelligent oder dumm sein – wir dürfen sie nicht nach diesen Äußerlichkeiten beurteilen. Jeder Geist kann von Liebe und ewiger Energie erfüllt werden. Zu Anfang besitzt jeder ein gewisses Maß an Licht und Wahrheit, das es weiterzuentwickeln gilt. Wir können solche Dinge nicht messen. Nur Gott kennt das Herz des Menschen, und nur Gott kann gerecht urteilen. Er kennt unseren Geist; wir sehen nur vergängliche Stärken und Schwächen. Wegen unserer eigenen Begrenztheit können wir nur selten ins Herz der Menschen schauen.

Ich wußte, daß sich alles lohnt, was wir tun, um unsere Liebe zu zeigen: ein Lächeln, ein aufmunterndes Wort, ein kleines Opfer. Wir wachsen durch solche Taten. Nicht alle Menschen sind liebenswert, doch wenn wir auf jemanden treffen, den zu lieben uns schwerfällt, so geschieht dies oftmals, um uns an etwas in uns selbst zu erinnern, das wir nicht mögen. Ich erfuhr, daß wir unsere Feinde lieben müssen – daß wir Ärger, Haß, Neid, Bitterkeit und unsere Weigerung zu vergeben loslassen müssen. Gefühle wie diese zerstören den Geist. Wir werden Rechenschaft darüber ablegen müssen, wie wir unsere Mitmenschen behandeln.

Nachdem uns der Schöpfungsplan dargelegt worden war, sangen wir jubilierend und wurden von Gottes Liebe erfüllt. Voll Freude betrachteten wir die Wachstumschancen, die sich uns hier auf Erden bieten würden, und die freudvollen Beziehungen, die wir miteinander eingehen würden.

Dann sahen wir, wie die Erde erschaffen wurde. Wir sahen, wie unsere geistigen Brüder und Schwestern in physische Körper einzogen, um ihr Erdendasein zu absolvieren und um Leid und Freud zu erfahren, die sie zu ihrer Entfaltung brauchten. Ich erinnere mich deutlich daran, wie ich den amerikanischen Pionieren auf ihrem Zug gen Westen zusah und welches Glück ich empfand, als sie ihre schwierige Aufgabe bewältigten und ihre Mission erfüllten. Ich wußte, daß sich nur jene in dieser Lage befanden, die gerade diese Erfahrung brauchten. Ich sah, wie die Engel jubilierten wegen jener, die ihre Prüfungen bestanden, und trauerten um jene, die versagten. Ich fühlte, daß viele, die nicht mit dabei waren, den Anforderungen auch nicht gewachsen gewesen wären, und sie hätten nur neues Leid für andere geschaffen. Umgekehrt wären manche der Pioniere und Menschen, die in anderen Epochen lebten, den Prüfungen unserer heutigen Zeit nicht gewachsen gewesen. Wir sind dort, wo wir sein müssen.

Als mir all diese Dinge bewußt wurden, begriff ich die Perfektion des Planes. Ich erkannte, daß wir alle freiwillig unsere Position und Stellung in der Welt wählen und daß jeder von uns viel mehr Hilfe bekommt, als er weiß. Ich spürte die bedingungslose Liebe Gottes, die weit über jede irdische Liebe hinausgeht und die Er an all Seine Kinder ausstrahlt. Ich sah, wie die Engel uns zur Seite standen, um uns beizustehen und jubilierend an unseren Erfolgen und Freuden teilzunehmen.

Vor allem aber sah ich Christus, den Schöpfer und Erlöser der Welt, meinen Freund – und den engsten Freund, den ein jeder von uns haben kann. Mir war, als würde ich schmelzen vor Freude, als Er mich in Seinen Armen hielt und mich tröstete – endlich daheim! Ich würde alles in meiner Macht Stehende tun, alles, was es je gegeben hat, um wieder mit dieser Liebe erfüllt zu werden – um von den Armen Seines ewigen Lichtes umfangen zu sein.

DIE GESETZE

Ich war noch immer in der Gegenwart des Herrn, eingetaucht in die Wärme Seines Lichtes. Mir fehlte jede Wahrnehmung des Ortes, an dem ich mich befand, des Raumes um uns herum oder von anderen Wesen. Er sah alles, was ich sah; oder besser, Er gab mir alles, was ich sah und verstand.

Ich blieb in Seinem Licht, und das Fragen und Antworten ging weiter. In der Tat hatte unser Dialog an Geschwindigkeit und Bandbreite zugenommen, bis anscheinend jede Facette der Existenz abgedeckt werden konnte. Mein Geist wandte sich wieder den Gesetzen zu, die unser Leben hier ordnen, und Sein Wissen ergoß sich in mich. Ich empfand deutlich Sein Glücksgefühl, Seine Freude darüber, dies mit mir zu teilen.

Ich erkannte, daß es viele Gesetze gibt, die unser Dasein ordnen – spirituelle Gesetze, physikalische Gesetze und universale Gesetze –, Gesetze, von denen wir oft nicht mehr als eine leise Ahnung haben. Diese Gesetze wurden geschaffen, um einen bestimmten Zweck zu erfüllen, und sie alle ergänzen sich gegenseitig. Wenn wir diese Gesetze erkennen und lernen, ihre positiven und negativen Kräfte anzuwenden, erlangen wir Zugang zu einer Kraft jenseits unseres menschlichen Fassungsvermögens. Brechen wir eines dieser Gesetze, stellen wir uns also gegen die natürliche Ordnung, so sündigen wir.

Mir wurde klar, daß jegliche Existenz von einer spirituellen Kraft erschaffen wurde. Jedes Element, jeder Teil der Schöpfung, trägt Intelligenz in sich, eine Intelligenz, die erfüllt ist von Geist und Leben und damit fähig, Freude zu erfahren. Jedes Element ist unabhängig, es kann selbständig handeln und auf die einwirkenden Gesetze und Kräfte reagieren. Wenn Gott zu diesen Elementen spricht, antworten und gehorchen sie voll Freude Seinem Wort. Christus hat die Erde durch ebendiese Naturkräfte und Schöpfungsgesetze erschaffen.

Ich verstand, daß uns durch ein Leben getreu den uns gegebenen Gesetzen weiterer Segen und ein noch größerer Wissensschatz zuteil werden. Doch ich verstand auch, daß wir durch das Brechen dieser Gesetze, durch ›Sünde‹ also, alles bis dahin Erreichte schmälern, ja möglicherweise gar zerstören. Die Sünde ist an das Ursache-Wirkungs-Prinzip gekoppelt. Viele unserer Strafen schaffen wir uns durch unsere eigenen Handlungen. Verschmutzen wir beispielsweise unsere Umwelt, so ist dies eine ›Sünde‹ gegen die Erde, und wir ernten die natürlichen Folgen unseres Vergehens gegen die Gesetze des Lebens. Wir selbst oder andere Menschen werden physisch geschwächt oder sterben infolge unseres Handelns. Es gibt auch Sünden gegen das Fleisch, wie beispielsweise Freß- oder Magersucht, mangelnde Bewegung, Drogenmißbrauch (hierzu gehört der Konsum *jeder* Art von Substanzen, die nicht mit dem Aufbau unseres Körpers harmonieren) sowie alles andere, was uns physisch schwächt.

Alle diese ›Sünden‹ gegen das Fleisch sind gleichermaßen schwerwiegend. Wir sind für unseren Körper verantwortlich.

Ich erfuhr, daß jedem Geist das Eigentum an seinem fleischlichen Körper übertragen wird. Während unseres Daseins in der sterblichen Welt übernimmt der Geist die Kontrolle über den Körper und unterwirft dessen Gelüste und Leidenschaften. Alles, was vom Geiste kommt, manifestiert sich im Fleische, doch das Fleisch und dessen Attribute können in den Geist nicht gegen dessen Willen eindringen – der Geist in uns hat die Wahl. Der Geist hat die Fäden in der Hand. Um als sterbliches Wesen vollkommen zu werden, müssen wir Verstand, Körper und Geist in absolute Harmonie bringen. Um vollkommen im Geiste zu werden, bedarf es neben dieser Harmonie unserer christlichen Liebe und Aufrichtigkeit. Mein ganzer Geist wollte vor Freude schreien, als diese Wahrheiten zu mir kamen. Ich verstand sie, und Jesus wußte, daß ich all das begriff, was Er mir zeigte. Mein spirituelles Auge war nun geöffnet, und ich sah, daß Gott viele Universen erschaffen hatte und daß Er die Kontrolle über die Elemente hat. Er herrscht über alle Gesetze, Energien und die Materie. Innerhalb unseres Universums gibt es sowohl positive als auch negative Energien, und sie beide sind unabdingbar für Schaffung und Wachstum. Diese Energien sind mit Intelligenz ausgestattet – sie gehorchen unserem Willen. Sie sind ergebene Diener. Gott hat die absolute Macht über beide Energien. Positive Energie ist im Grunde genau das, was wir uns darunter vorstellen: Licht, Güte, Freundlichkeit, Liebe, Geduld, Nächstenliebe, Hoffnung und so weiter. Und auch negative Energie ist uns als solche bereits bekannt: Finsternis, Haß, Furcht, Unfreundlichkeit, Intoleranz, Selbstsucht, Verzweiflung, Mutlosigkeit und so weiter.

Positive und negative Energien wirken als Gegenpole zueinander. Und wenn wir diese Energien verinnerlichen, so machen wir sie zu unseren Dienern. Das Positive zieht das Positive an, und das Negative zieht das Negative an. Licht strebt zum Licht, und Finsternis liebt Finsternis. Werden wir überwiegend positiv oder überwiegend negativ, so gesellen wir uns zu anderen, die uns ähnlich sind. Doch es bleibt *uns* überlassen, ob wir positiv oder negativ werden. Allein durch positive Gedanken und positive Worte ziehen wir positive Energie an. Ich habe selbst gesehen, wie wahr dies ist. Ich sah, wie die verschiedenen Energien unterschiedliche Menschen umgeben. Ich sah, wie die Worte eines Menschen sich sogar auf das Energiefeld um ihn herum auswirken. Es sind die *Worte* selbst – ihre Schwingungen in der Luft –, die entweder die eine oder die andere Art von Energie anziehen. Die Wünsche eines Menschen haben eine ähnliche Wirkung. In unseren Gedanken steckt Macht. Wir schaffen uns unsere eigene Umgebung durch die Gedanken, die wir hegen. Physisch mag dies zwar eine gewisse Zeit dauern, doch spirituell ist die Wirkung augenblicklich. Würden wir die Macht unserer Gedanken begreifen, so wären wir sicher vorsichtiger im Umgang mit ihnen. Würden wir die furchteinflößende Macht unserer Worte verstehen, so zögen wir das Schweigen fast allem Negativen vor. Mit unseren Gedanken und Worten schaffen wir unsere eigenen Schwächen und unsere eigenen Stärken. Unsere Begrenzungen und Freuden nehmen ihren Anfang in unserem Herzen. Wir können stets das Negative durch Positives ersetzen.

Wegen ihrer Wirkung auf diese ewige Energie sind unsere Gedanken die Quelle der Schöpfung. Alles Schaffen beginnt immer im Geiste. Alles Erschaffene muß zunächst *erdacht* werden. Begabte Menschen sind in der Lage, kraft ihrer Vorstellung Neues zu erschaffen – sowohl Wunderbares als auch Schreckliches. Manche haben bereits bei ihrer Geburt eine weit entwickelte Vorstellungskraft, und ich erkannte, daß einige dieser Menschen diese Macht hier auf Erden mißbrauchen. Einige von ihnen setzen negative Energie ein, um Schädliches zu schaffen – Dinge oder Worte, die zerstörerisch sein können. Andere nutzen ihre Vorstellungskraft in positivem Sinne, um ihre Mitmenschen zu bessern. Solche Menschen schaffen echte Freude, und sie sind gesegnet. In den Kreationen des Geistes steckt echte Macht. Gedanken sind Taten.

Ich erkannte, daß das Leben seinen stärksten Ausdruck in der Vorstellungskraft findet – daß ironischerweise diese Vorstellungskraft der Schlüssel zur Wirklichkeit ist. Das ist etwas, was ich niemals vermutet hätte. Wir werden hierhergeschickt, um unser Leben ganz zu leben, um es *voll* auszukosten, um Freude an dem zu finden, was wir geschaffen haben, ob es sich dabei nun um neue Gedanken oder *Dinge* oder Emotionen oder Erfahrungen handelt. Wir sollen uns unser eigenes Leben einrichten, unsere Begabungen nutzen und sowohl Fehlschläge als auch Erfolge erleben. Wir sollen unseren freien Willen nutzen, um zu wachsen und unserem Leben eine Perspektive zu verleihen.

Bei all diesen neugewonnenen Erkenntnissen wurde mir mehr und mehr klar, daß die Liebe das höchste Gut ist. Die Liebe muß dominieren. Liebe regiert stets den Geist, und der Geist muß gestärkt werden, auf daß er den Verstand und das Fleisch zu steuern vermag. In allem erkannte ich die natürliche Ordnung der Liebe. Zunächst müssen wir den Schöpfer lieben. Dies ist die größte Liebe, die wir verspüren können (obwohl uns das auch oft erst in dem Augenblick klar wird, wenn wir Ihm gegenübertreten). Dann müssen wir uns selbst lieben. Mir wurde bewußt, daß die Liebe, die wir für andere empfinden, ohne Eigenliebe nicht möglich ist. Und schließlich müssen wir *alle* unsere Mitmenschen so lieben wie uns selbst. Wenn wir das Licht Christi in uns selbst sehen, so sehen wir es auch in anderen, und es wird uns fortan unmöglich sein, jenen göttlichen Teil in ihnen nicht zu lieben.

Während ich eingehüllt im Glanze des Erlösers verweilte, in Seiner absoluten Liebe, wurde mir bewußt, daß ich mich als Kind durch meine Furcht vor Ihm weit von Ihm entfernt hatte. Als ich dachte, Er liebte mich nicht, nahm ich meine Liebe von Ihm. Er blieb immer an Seinem Platze. Jetzt wurde mir klar, daß Er wie die Sonne in meiner Galaxie war. Ich kreiste um Ihn herum, mal in kleinerer, mal in größerer Entfernung, doch Seine Liebe ließ nie nach.

Ich erkannte, auf welche Weise andere dazu beigetragen

hatten, mich von Ihm zu entfernen, doch ich fühlte weder Bitterkeit, noch verurteilte ich diese Menschen. Ich sah, wie Männer und Frauen, die sich mir gegenüber in einer Machtstellung befunden hatten, Opfer negativer Energien geworden waren und mich den Glauben an Gott durch Furcht gelehrt hatten. Ihre Ziele waren positiv, doch ihre Taten negativ. Sie selbst hatten Angst, und so benutzten sie Angst, um andere zu beherrschen. Sie lehrten die unter ihnen stehenden Menschen, über die Furcht an Gott zu glauben, ›Gott zu fürchten, oder zur Hölle zu gehen‹. Dadurch wurde es mir unmöglich, Gott wirklich zu lieben. Wieder erkannte ich, daß Furcht das Gegenteil von Liebe ist und des Satans mächtigstes Werkzeug. Weil ich Gott fürchtete, konnte ich Ihn nicht wirklich lieben, und weil ich Ihn nicht wirklich liebte, konnte ich auch mich selbst und andere nicht aufrichtig lieben. Das Gesetz der Liebe war gebrochen worden.

Christus lächelte mich weiter an. Es gefiel Ihm, daß ich solche Freude am Lernen hatte, daß ich so eifrig bei der Sache war.

Jetzt wußte ich, daß es Gott wirklich gibt. Ich glaubte nicht länger nur an eine universale Kraft, sondern sah den Mann hinter jener Kraft. Ich sah ein liebendes Wesen, das das Universum erschaffen und sein ganzes Wissen hineingegeben hatte. Ich erkannte, daß Er dieses Wissen regiert und die darin enthaltene Macht lenkt. Ich verstand ganz und gar, daß Gott uns zu Seinem Ebenbild heranwachsen sehen möchte und daß Er uns mit göttlichen Eigenschaften wie Vorstellungs- und Schaffenskraft, freiem Willen, Intelligenz und vor allem der Kraft der Liebe ausgestattet hat; es ist Sein *Wille*, daß wir uns die himmlischen Kräfte zunutze machen, und wenn wir daran glauben, dazu fähig zu sein, können wir es auch.

Dieser Fluß des Verstehens schritt in der Gegenwart des Erlösers auf natürliche Weise voran, von einem Punkt zum nächsten, von einem Element der Wahrheit unweigerlich zum folgenden. Nachdem ich die beiden – jeweils der Autorität Gottes unterstehenden – Hauptenergien des Universums kennengelernt hatte, sah ich, wie uns diese Energien physisch beeinflussen können. In dem Wissen, welch unglaublichen Einfluß Geist und Verstand auf unser Fleisch haben, sah ich nun, daß wir buchstäblich in der Lage sind, unsere eigene Gesundheit zu ›steuern‹. Ich sah, daß der Geist eines jeden von uns mächtig ist und dem Körper die zur Abwehr von Krankheiten notwendige Stärke verleihen oder – ist dieser erst einmal erkrankt – Heilung zukommen lassen kann. Der Geist hat die Kraft, unseren Verstand zu steuern, und der Verstand steuert den Körper. Beim Nachdenken über dieses Prinzip kommt mir folgendes Bibelzitat in den Sinn: ›Denn wie er (der Mensch) denket in seinem Herzen, so ist er.‹

Unsere Gedanken haben eine außerordentliche Kraft, sich die uns umgebenden negativen oder positiven Energien zunutze zu machen. Schöpfen sie über einen längeren Zeitraum hinweg aus dem Negativen, so kann das zu einer Schwächung des körpereigenen Abwehrsystems führen. Dies gilt insbesondere dann, wenn sich die negativen Gedanken um uns selbst drehen. Ich erkannte, daß wir uns immer dann am *meisten* auf uns selbst konzentrieren, wenn wir deprimiert sind. Nichts kann unsere natürliche Stärke und Gesundheit derart beeinträchtigen wie eine langandauernde Depression. Unternehmen wir aber die Anstrengung, uns von uns selbst abzulenken, und konzentrieren wir uns statt dessen auf die Bedürfnisse anderer und darauf, wie wir ihnen dienen können, so setzt Heilung ein. Dienst am Nächsten ist Balsam für Geist und Körper.

Jede Heilung kommt von innen heraus. Unser Geist heilt unseren Körper. Ein Arzt mag mit sicherer Hand eine Operation ausführen, und Medikamente mögen ideale Voraussetzungen für die Gesundheit schaffen, doch dann liegt es am Geist, die Heilung zu bewirken. Ein Körper ohne Geist kann nicht geheilt werden; er kann nicht lange leben. Es wurde nachgewiesen, daß die Zellen unseres Körpers so beschaffen sind, daß sie ewiges Leben ermöglichen. Sie wurden von Anfang an so programmiert, daß sie sich selbst regenerieren, daß sie alte, leistungsunfähige oder beschädigte Zellen ersetzen, auf daß das Leben niemals enden möge. Doch irgend etwas hat eine Änderung dieser ursprünglichen Programmierung herbeigeführt; ich erfuhr nicht genau, wie dies geschah, doch ich verstand, daß mit dem ›Tod‹ die Sterblichkeit in den Garten Eden eingezogen war. Mir wurde gezeigt, daß es tatsächlich einen Garten Eden *gab,* und ich erfuhr, daß hier getroffene Entscheidungen Bedingungen herbeiführten, die ein ewiges Leben in der sterblichen Welt unmöglich machen.

Zwar *muß* unser Körper sterben, doch mit Hilfe unseres Glaubens und unter dem Einfluß positiver Energien vermögen wir so viel Kraft in uns zu mobilisieren, daß wir unsere Zellen ändern und damit eine Heilung bewirken können – falls dies für uns richtig ist. Wir dürfen nicht vergessen, daß jede Heilung ein Akt göttlichen Willens ist.

Mir wurde gezeigt, daß viele der Krankheiten, unter denen ich in meinem Leben gelitten hatte, auf Depressionen oder Gefühle des Nicht-geliebt-Werdens zurückzuführen waren. Ich erkannte, wie oft ich negative Selbstgespräche geführt hatte, die Ausdruck fanden in Sätzen wie: ›Oh, wie mir alles weh tut!‹, ›Keiner liebt mich!‹, ›Schaut her, wie ich leide!‹, ›Das kann ich nicht aushalten!‹ und so weiter. Plötzlich erkannte ich, wie in jedem dieser Sätze von *mir, mir* und immer nur *mir* die Rede war. Ich erkannte das Ausmaß meiner Egozentrik. Mir wurde bewußt, daß ich nicht nur einen gewissen Eigentumsanspruch auf diese Negativismen erhob, sondern ihnen Tür und Tor öffnete und sie als die meinen annahm. Mein Körper lebte sie dann in einer Art sich selbst erfüllender Prophezeiung: ›Ich bin voll Kummer‹ wurde von meinem Körper übersetzt als ›Ich bin krank‹. So etwas hätte ich nie für möglich gehalten, doch nun erkannte ich, in welchem Maße ich selbst meine Probleme mitverursacht hatte.

Mir wurde klar, daß positive Selbstgespräche den Heilungsprozeß auslösen. Haben wir erst einmal die Krankheit oder das Problem identifiziert, so müssen wir uns daranmachen, die Abhilfe zu verbalisieren. Wir müssen die Gedanken an die Krankheit aus unserem Geiste bannen und uns auf deren Heilung konzentrieren. Dann müssen wir diesen Heilvorgang in Worte fassen – in Worte, die die Kraft unserer Gedanken stärken. Dies regt die umgebenden Intelligenzen an, bis sie sich in Bewegung setzen und an unserer Heilung arbeiten. Ich verstand, daß diese Verbalisierung am besten in Form von Gebeten erfolgt. Wenn es richtig ist, daß wir geheilt werden sollen, so wird Gott uns in unserem Heilungsprozeß unterstützen.

Wir sollen nicht das Vorhandensein der Krankheiten oder Probleme verleugnen, wir sollen ihnen nur jegliche Macht über unser göttliches Recht auf deren Beseitigung verwehren. Wir müssen nach unserem Glauben und nicht nach dem äußeren Anschein leben. Der äußere Anschein spricht unseren kognitiven, analytischen Verstand an, der rationalisiert und rechtfertigt. Der Glaube dagegen unterliegt dem Geist. Der Geist ist emotional, er akzeptiert und verinnerlicht. Und genau wie bei jedem anderen Attribut auch wächst unser Glaube, indem wir ihn praktizieren. Wenn wir lernen, das zu nutzen, was uns gegeben ist, werden wir mehr erhalten. Das ist ein spirituelles Gesetz.

Die Entwicklung des Glaubens ist wie das Aussäen von Samen. Manche der Samen mögen zwar neben den Akker fallen, dennoch werden wir etwas ernten. *Jeder* Akt des Glaubens gereicht uns zu unserem Segen. Und je besser wir werden (und mit zunehmender Übung werden wir besser), desto reicher wird unsere Ernte an Glauben ausfallen. Was man sät, wird man ernten. Auch das ist ein spirituelles Gesetz.

Nun fing ich an, die Macht meines Geistes über meinen Körper wirklich zu verstehen, und ich erkannte, daß die Funktionen des Geistes sich auf einer Ebene vollziehen, die den meisten von uns verborgen bleibt. Natürlich wußte ich, daß mein Verstand meine Gedanken schuf und mein Körper meine Handlungen ausführte, doch was mein Geist bewirkte, war mir nie so richtig klar gewesen. Jetzt verstand ich, daß der Geist für die meisten Menschen etwas Geheimnisvolles ist. Ich erkannte, daß er in der Regel funktioniert, ohne daß der Verstand es überhaupt merkt. Der Geist kommuniziert mit Gott; er ist die Empfangsstation, die von Ihm Wissen und Einsicht erhält. Dies war eine wichtige Lehre für mich, und ich stellte mir diese ›Empfangsstation‹ als eine Art Leuchtstoffröhre vor, die wir in unserem Körper tragen. Wenn das Licht leuchtet, wird unser Innerstes mit Licht und Liebe erfüllt. Diese Energie verleiht dem Körper Leben und Kraft. Ich sah auch, daß man durch negative Erfahrungen – durch Mangel an Liebe, durch Gewalt, sexuellen Mißbrauch oder andere unangenehme Erlebnisse – das Licht verringern und den Geist schwächen kann. Und indem sie den Geist schwächen, schwächen solche Erfahrungen gleichzeitig auch den Körper. Der Körper mag zwar nicht krank werden, doch er wird so lange anfällig sein, bis der Geist wieder ›aufgeladen‹ ist. Wir können unseren Geist aufladen, indem wir anderen helfen, an Gott glauben oder uns auch nur durch positive Gedanken für positive Energien öffnen. Es liegt ganz an *uns selbst.* Gott ist die Energiequelle, und Er ist immer da, doch wir müssen uns auf Empfang stellen. Wir müssen die Macht Gottes akzeptieren, um in unserem Leben von ihren Wirkungen profitieren zu können.

Zu meiner Überraschung stellte ich fest, daß die meisten von uns selbst die Krankheiten gewählt hatten, unter denen wir leiden, und einige sogar die Krankheit, die ihrem Leben ein Ende setzen sollte. Manchmal stellt sich die Heilung nicht sofort oder überhaupt nicht ein, weil dies für unser Wachstum notwendig ist. Alle Erfahrungen sind zu unserem Vorteil, und gelegentlich ist das, was wir gemeinhin als negatives Erlebnis werten, wichtig für die Entfaltung unseres Geistes. Als wir noch reiner Geist waren, zeigten wir große Bereitschaft, ja sogar ausgesprochenes Interesse daran, alle unsere Nöte, Krankheiten und Unfälle hier auf Erden anzunehmen, um so zu einer spirituellen Besserung zu gelangen. Ich erkannte, daß unsere irdische Zeit in der geistigen Welt belanglos ist. Die Schmerzen, die wir auf Erden ertragen müssen, dauern nur einen Augenblick, den Bruchteil einer Sekunde des Bewußtseins in der geistigen Welt, und wir nehmen sie mit großer Bereitschaft an. Auch unser Tod ist oftmals so geplant, daß wir daran wachsen können. Stirbt ein Mensch beispielsweise an Krebs, so findet er oftmals einen langsamen, schmerzvollen Tod, und hieraus entstehen für ihn Wachstumschancen, die ihm sonst verwehrt bleiben. Ich wußte, daß meine Mutter an Krebs gestorben war, und erkannte, daß sie am Ende mit ihrer Familie ganz anders umging, als sie es jemals zuvor hatte tun können. Die Beziehungen besserten sich, sie wurden geheilt. Meine Mutter war durch ihren Tod gewachsen. Manche Menschen wählen ihren Tod so, daß sie damit auch einem anderen in seiner Entwicklung helfen können.

Beispielsweise eine Seele entschließt sich dazu, von der Bordsteinkante auf die Straße zu treten und von einem Betrunkenen überfahren zu werden. Das mag uns schrecklich erscheinen, doch im reinen Wissen Gottes wußte sie, daß sie den Fahrer vor zukünftigem Kummer bewahrte. Der Fahrer hätte sich sonst vielleicht eine Woche später wieder betrunken; er wäre dann in eine Gruppe Jugendlicher gerast und hätte dabei unnötigerweise Schmerz und großes Leid geschaffen. Doch dies wurde verhindert, denn er saß im Gefängnis, weil er jemanden überfahren hatte, dessen Aufgabe auf Erden bereits erfüllt war. Aus der Sicht der Ewigkeit wurde den Jugendlichen unnötiger Schmerz erspart, und für den Fahrer hat sich auf diese Weise eine Wachstumschance ergeben.

Auf der Erde geschieht viel weniger rein zufällig, als wir gemeinhin annehmen, besonders im Hinblick auf Dinge, die uns äußerlich betreffen. Die Hand Gottes und der Weg, den wir vor unserem Aufenthalt hier wählten, lenken viele unserer Entscheidungen und sogar viele der scheinbar zufälligen Erfahrungen, die wir machen. Es führt zu nichts, diese alle im einzelnen identifizieren zu wollen, doch es geschieht so, und das hat auch seinen Sinn. Selbst Erfahrungen wie Scheidung, plötzliche Arbeitslosigkeit oder Konfrontation mit jäher Gewalt können uns letztendlich Wissen vermitteln und zu unserer spirituellen Entfaltung beitragen. Solche Erlebnisse mögen zwar schmerzlich sein, doch sie können einen Beitrag zu unserem Wachstum leisten. Es ist, wie Jesus während seiner irdischen Mission predigte: ›... Es muß zwar Verführung geben; doch wehe dem Menschen, der sie verschuldet.‹ (Matt. 18:7)

Unter der Anleitung des Erlösers lernte ich, daß es für mich wichtig war, alle Erfahrungen als etwas potentiell Gutes anzunehmen. Ich mußte meine Aufgabe und meine Stellung im Leben akzeptieren. Ich konnte die negativen Dinge, die mir geschehen waren, betrachten und ihre Auswirkungen überwinden. Ich konnte meinen Feinden vergeben, ja sie sogar lieben, und so jeglichen schlechten Einfluß, den sie auf mich hatten, eliminieren. Ich konnte gute Gedanken und freundliche Worte finden und so heilenden Balsam bringen für meine eigene Seele und die meiner Mitmenschen. Ich erkannte, daß ich mich nun selbst heilen konnte, zuerst spirituell, dann emotional, mental und physisch. Es wurde mir klar, daß ich mir die verzehrenden Auswirkungen von Verzweiflung ersparen konnte. Ich hatte ein Recht darauf, voll und ganz zu leben.

Ich sah, wie schlimm es war, einer der mächtigsten Waffen Satans anheimgefallen zu sein – meinem persönlichen Muster von Schuldgefühlen und Ängsten. Ich verstand, daß ich die Vergangenheit loslassen mußte. Hatte ich Gesetze gebrochen oder gesündigt, so mußte ich mein Herz ändern, mir selbst vergeben, und dann voranschreiten. Hatte ich jemanden verletzt, so mußte ich anfangen, ihn zu lieben – ehrlich zu lieben –, und mich um Vergebung bemühen. Hatte ich meinen eigenen Geist verletzt, so mußte ich mich Gott nähern, um wieder Seine Liebe zu spüren – Seine heilende Liebe. Reue kann so einfach oder so schwer sein, wie wir sie uns machen. Wenn wir fallen, müssen wir aufstehen, uns den Staub von den Kleidern abklopfen und weitergehen. Wenn wir wieder fallen, und sei es eine Million Male, so müssen wir dennoch immer wieder aufstehen und weitergehen. Wir wachsen mehr, als wir denken. In der geistigen Welt wird die Sünde nicht so bewertet wie hier auf Erden. *Alle* Erfahrungen können positiv sein. Aus allen Erfahrungen lernen wir.

Nie dürfen wir an Selbstmord denken. Damit würden wir uns nur Chancen für eine weitere Entwicklung hier auf Erden nehmen. Und nachher würden wir voll Leid und Sorge auf diese vergeudeten Chancen blicken. Wir sollten uns dennoch stets daran erinnern, daß Gott über alle Seelen und die jeweilige Ernsthaftigkeit ihres Bemühens richtet. Suche Hoffnung, auch wenn sie nur in einer einzigen positiven Handlung liegt, so wirst du vielleicht einen Schimmer des Lichtes sehen, das dir vorher gefehlt hat. Verzweiflung ist *niemals* gerechtfertigt, denn wir brauchen sie nicht. Wir sind hier, um zu lernen, zu experimentieren und Fehler zu machen. Wir sollen nicht hart über uns urteilen; wir brauchen nur das Leben Schritt für Schritt zu nehmen, ohne uns darüber Gedanken zu machen, was andere von uns denken, oder uns selbst an deren Maßstäben zu messen. Wir müssen uns vergeben und dankbar sein für die Dinge, die uns helfen, zu wachsen. Unsere allergrößten Herausforderungen werden sich eines Tages als unsere größten Lehrmeister zu erkennen geben.

Ich wußte, daß jede Schöpfung mit dem Gedanken daran beginnt, und so wußte ich auch, daß die Erschaffung von Sünde wie auch von Schuld, von Verzweiflung, Hoffnung und Liebe in uns selbst ihren Anfang nimmt. Alle Heilung kommt von innen heraus. Alle Not kommt von innen heraus. Wir können uns unsere eigene Spirale der Verzweiflung schaffen oder aber uns ein Trampolin des Glücks und der Vollendung errichten. Unsere Gedanken haben eine *ungeheure* Macht.

Wir sind wie kleine Kinder; wir krabbeln herum in dem Versuch zu lernen, wie wir die Kräfte in uns nutzen können. Dies sind mächtige Kräfte und sie unterliegen Gesetzen, die uns vor uns selbst schützen. Doch wenn wir wachsen und unseren Blick auf all das Positive um uns herum richten, so werden uns schließlich sogar diese Gesetze selbst offenbart. Uns wird alles gegeben werden, was zu empfangen wir bereit sind.

Die Webstühle
und die Bibliothek

Während meiner Unterweisung lernte ich den Erlöser auf eine Weise kennen und verstehen, für die ich immer dankbar sein werde. Seine Anteilnahme an meinen Gefühlen inspirierte mich. Weder mit Worten noch mit Taten wollte Er mich je verletzen. Er wußte, daß ich fähig war zu verstehen, und Er bereitete mich sorgsam vor, damit ich fähig war, all das Wissen in mich aufzunehmen, nach dem ich suchte. In der geistigen Welt wird niemand dadurch in Bedrängnis gebracht, daß er Dinge tun oder akzeptieren muß, zu denen er nicht bereit ist. Geduld ist hier eine natürliche Gabe.

Unvergleichbar, welchen Sinn für Humor Er hat, viel herrlicher und spritziger als jeder Mensch. Der Herr ist erfüllt von absolutem Glück und Wohlwollen. In Seiner Gegenwart ist Sanftheit und Anmut, und so ist Er für mich zweifellos perfekt. Ich *kannte* Ihn, Seinen Geist, Seine Gefühle, Seine Anteilnahme an mir. Ich fühlte Seine Verwandtschaft mit mir und wußte, daß wir eine Familie waren. Mir war, als sei Er zugleich mein Vater und mein älterer Bruder. Er war mir nahe, und doch spürte ich ein Element von Autorität. Er war zärtlich und gutmütig, aber auch verantwortungsvoll. Ich wußte mit Bestimmtheit, daß Er seine Autorität niemals mißbrauchen würde, ja daß Er nicht einmal den Wunsch dazu verspürte.

Als Jesus in seinem Lichte stand und mich anlächelte, fühlte ich seine Zustimmung. Er wandte sich zu seiner Linken und stellte mich zwei Frauen vor, die soeben erschienen waren. Eine dritte Frau tauchte kurz hinter ihnen auf, doch sie schien mit einem anderen Auftrag gekommen zu sein und blieb nur einen Augenblick. Jesus wies die beiden ersten Frauen an, mich zu begleiten, und ich fühlte, wie sehr sie sich freuten, mit mir zusammenzusein. Als ich sie anschaute, erinnerte ich mich an sie; sie waren meine Freundinnen! Sie waren zwei meiner besten Freundinnen gewesen, bevor ich auf die Erde kam, und sie waren ebenso freudig erregt wie ich über unser Wiedersehen. Bevor Jesus mich der Obhut der beiden überließ, fühlte ich erneut Seine Freude, und Er schien meinem Geist zuzuflüstern: ›Nur zu, lerne von allen Dingen‹, und ich verstand, daß mir nun freigestellt war, alles zu sehen und zu erfahren, was ich wollte. Ich war aufgeregt, als ich erfuhr, daß es noch mehr zu lernen gab – noch sehr viel mehr, wie sich später herausstellen sollte. Dann verließ uns der Erlöser, und meine beiden Freundinnen umarmten mich. Die Liebe war hier allumfassend; ein jeder trug sie in sich. Alle waren glücklich. Wenngleich sich ihr Licht und ihre Kraft kaum mit derjenigen von Christus messen konnte, so war auch ihre Liebe bedingungslos. Sie liebten mich von ganzem Herzen.

Die Erinnerung an den nun folgenden Rundgang ist mir teilweise entfallen. Ich weiß noch, daß man mich in einen großen Saal führte, in dem gearbeitet wurde, doch ich kann mich nicht mehr daran erinnern, wie wir dorthin gelangten oder wie das Gebäude von außen aussah. Der Saal war wunderschön. Seine Wände bestanden aus einem lichtdurchlässigen Material – etwa wie sehr dünner Marmor –, und an manchen Stellen konnte man durch die Wände ins Freie blicken. Der Effekt war sehr interessant und wunderschön.

Beim Näherkommen sah ich, daß die Arbeiter hier an großen, alten Webstühlen saßen. Mein erster Gedanke war, ›wie rückständig‹ man in der spirituellen Welt doch sei, daß man noch mit Handwebstühlen arbeitete. Als ich neben den Webstühlen stand, wurde ich von vielen männlichen und weiblichen Geistwesen mit freundlichem Lächeln begrüßt. Alle freuten sich, mich zu sehen, und an einem der Webstühle wurde Platz gemacht, damit ich besser schauen könne. Ich sollte unbedingt sehen, welche Handfertigkeit sie besaßen. Ich kam näher und fühlte an dem Tuch, das sie webten. Es sah aus wie eine Mischung aus gesponnenem Glas und gesponnenem Zucker. Als ich das Tuch hin- und herbewegte, schimmerte und funkelte es, beinahe so, als sei es lebendig. Die Wirkung war ungewöhnlich und faszinierend. Das Material war auf einer Seite dicht, doch drehte man es um, konnte man hindurchsehen – ähnlich wie bei verspiegeltem Glas. Offenbar diente das einem bestimmten Zweck, doch was dieser Zweck war, wurde mir nicht gesagt. Die Arbeiter erklärten mir, daß aus diesem Stoff Kleidung für jene gemacht würde, die von der Erde in die geistige Welt kämen. Sie waren verständlicherweise sehr stolz auf ihr

Werk und freuten sich über meine Dankbarkeit, es betrachten zu dürfen.

Wir verließen die Webstühle und meine beiden Begleiterinnen führten mich durch viele andere Räume, in denen ich den sonderbarsten Dingen und herrlichsten Wesen begegnete, doch viele der Einzelheiten durfte ich nicht im Gedächtnis behalten. Mir kommt es so vor, als sei ich tage- oder gar wochenlang gewandert, ohne jemals zu ermüden. Ich war überrascht, wie viele der Wesen hier gern handwerkliche Arbeiten verrichten – denn nur wer möchte, geht solchen Beschäftigungen nach. Es macht ihnen Freude, Dinge zu schaffen, die anderen nützlich sind – sowohl hüben als auch drüben. Ich sah eine große Maschine, etwa vergleichbar mit einem Computer, doch viel komplexer und leistungsfähiger. Auch die hier beschäftigten Wesen zeigten mir voll Freude ihre Arbeit. Und wieder verstand ich, daß alle wichtigen Dinge zuerst im Geiste und erst dann physisch erschaffen werden. Daß dies so sei, hatte ich vorher nie geahnt.

Ich wurde in einen weiteren Saal geleitet, der etwa wie eine Bibliothek aussah. Er wirkte auf mich wie eine Sammlung von Wissen, doch ich sah keine Bücher. Auf einmal spürte ich, wie mir Dinge einfielen und ich von Wissen über Themen erfüllt wurde, über die ich schon lange nicht mehr nachgedacht hatte oder die mir vielleicht noch gar nie in den Sinn gekommen waren. Da erkannte ich, daß ich mich in einer Bibliothek des Geistes befand. Wie vorher in der Gegenwart Christi brauchte ich nur über etwas nachzudenken, um sofort alles Wissen zu diesem Thema zu erhalten. Ich konnte alle Einzelheiten über jede beliebige Person der Geschichte – oder gar der spirituellen Welt – abrufen.

Keinerlei Wissen wurde mir vorenthalten, und es war unmöglich, irgendeinen Gedanken, eine Aussage oder ein Wissensbruchstück falsch zu verstehen. Es gab absolut kein Mißverständnis. Die Geschichte war rein. Das Verstehen war allumfassend. Ich begriff nicht nur, was die Menschen taten, sondern auch, warum sie es taten und wie dadurch die Realitätssicht anderer Menschen beeinflußt wurde. Ich verstand die zu dem jeweiligen Thema gehörige Realität aus jedem Blickwinkel, in jeder möglichen Betrachtungsweise; und all dies verlieh einem Ereignis, einer Person oder einem Prinzip eine Art von Ganzheit, wie wir sie hier auf Erden nicht erfassen können.

Doch dies war mehr als ein mentaler Prozeß. Ich konnte *fühlen*, was die Menschen bei ihren Handlungen empfanden. Ich verstand ihre Leiden, Freuden und Aufregungen, weil ich sie selbst erleben konnte. Manches von dem, was ich hier lernte, wurde mir genommen, doch nicht alles. Ich weiß die Einblicke zu würdigen, die mir in bestimmte für mich wichtige Ereignisse und Menschen unserer Geschichte gewährt wurden.

Ich sehnte mich nach weiteren Erfahrungen in dieser wunderbaren, unglaublichen Welt, und meine Begleiterinnen waren glücklich, mir auch weiter helfen zu können. Es war ihre größte Freude, mir Freude zu bereiten, und ich spürte in ihnen eine gewisse Erregung, als sie mich nach draußen in einen Garten führten.

DER GARTEN

Als wir nach draußen in den Garten traten, tat sich mir in der Ferne ein spektakulärer Blick auf Berge, Täler und Flüsse auf. Meine Begleiterinnen verließen mich, und ich durfte meinen Weg allein fortsetzen; vielleicht sollte ich die ganze Schönheit des Gartens unbelastet von der Gegenwart anderer erfahren. Der Garten war voll von Bäumen, Blumen und Pflanzen, deren Ort und Lage irgendwie unvermeidbar erschien – es war, als *müßten* sie genau da sein, wo sie sich befanden. Eine Weile schlenderte ich durch das Gras. Es war frisch, kühl, leuchtend grün und fühlte sich unter meinen Füßen lebendig an. Doch was mich in diesem Garten am meisten beeindruckte, war die Intensität der Farben. Etwas Vergleichbares gibt es hier auf Erden nicht. Wenn hier ein Lichtstrahl auf etwas fällt, so wird er in einer bestimmten Farbe reflektiert. Dabei sind Tausende unterschiedlicher Schattierungen möglich. In der geistigen Welt wird das Licht nicht unbedingt reflektiert. Es kommt von innen heraus und erscheint wie eine Art Lebenselixier. Millionen und Abermillionen von Farben sind möglich.

Die Blumen beispielsweise sind so lebhaft und leuchtend in ihrem Farbenspiel, daß sie nicht aus fester Substanz zu bestehen scheinen. Die intensive Lichtaura einer jeden

Pflanze macht es schwer zu definieren, wo die Oberfläche der Pflanze beginnt und wo sie aufhört. Offenbar trägt jeder Teil einer Pflanze, jeder mikroskopische Teil von ihr, seine eigene Intelligenz in sich. Ich kann keine besseren Worte finden, um das zu erklären. Jeder wenn auch noch so winzige Teil ist mit eigenem Leben erfüllt; er kann mit anderen Elementen neu zusammengefügt werden, um daraus alles Erdenkliche zu schaffen. Was in einem Augenblick in einer Pflanze ist, kann im nächsten Augenblick Bestandteil von etwas ganz anderem sein – und dort ist es genauso lebendig. Es hat keinen Geist so wie wir, doch es hat Intelligenz und Struktur und kann auf den Willen Gottes und andere universale Gesetze reagieren. All dies offenbart sich im Angesicht der Schöpfung dort, und ganz besonders in den Blumen.

Ein herrlicher Fluß durchquerte den Garten, gar nicht weit von mir entfernt, und sogleich zog es mich zu seinen Ufern. Ich sah, daß er von einem mächtigen, sich in Kaskaden ergießenden Wasserfall mit allerreinstem Wasser gespeist wurde und daß er in einen kleinen See mündete. Das Wasser blendete mich in seiner Klarheit und Lebendigkeit.

Leben. Auch das Wasser war voll davon. Jeder Tropfen des Wasserfalls hatte seine eigene Intelligenz und Aufgabe. Eine Melodie von majestätischer Schönheit ging von dem Wasserfall aus und erfüllte den Garten, bis sie sich in anderen Melodien verlor, die nun leise an mein Ohr drangen. Die Musik kam aus dem Wasser selbst, aus seiner Intelligenz, und jeder Tropfen hatte einen eigenen Ton und eine eigene Melodie, die sich vermischten und zusammenspielten mit jedem anderen Geräusch und Laut ringsum. Das Wasser pries Gott ob seines Lebens und seiner Freude. Der Gesamteindruck war weit jenseits dessen, was uns eine Symphonie oder ein Komponist hier auf Erden vermitteln können. Selbst die beste irdische Musik wäre im Vergleich dazu wie das Spielen eines Kindes auf einer Blechtrommel. Wir haben schlichtweg nicht die Fähigkeit, die Größe und Macht der Musik dort zu verstehen, ganz zu schweigen davon, sie zu kreieren. Als ich mich dem Wasser näherte, kam mir der Gedanke in den Sinn, daß dies vielleicht die ›Wasser des Lebens‹ seien, von denen die Bibel spricht, und ich wollte darin baden.

Ich ging zum Ufer und sah dort eine Rose, die sich irgendwie von den anderen Blumen abzuheben schien. Ich blieb stehen, um sie zu betrachten. Sie war von atemberaubender Schönheit. Von all den Blumen dort zog mich keine so sehr in ihren Bann wie diese. Sie wiegte sich sanft zu leiser Musik und ließ in ihren eigenen süßen Klängen ein Loblied des Herrn ertönen. Mir fiel auf, daß ich tatsächlich sehen konnte, wie sie wuchs. Sie entfaltete sich vor meinen Augen, und in mir keimte der Wunsch, ihr Leben zu erfahren, in sie hineinzugehen und ihren Geist zu fühlen. Mit diesem Gedanken schien es, als könne ich von oben hinab in sie hineinblicken. Es war, als seien meine Augen zum Mikroskop geworden und als könne ich bis in die letzten Wurzelspitzen hinein alles in der Pflanze sehen. Doch es war weit mehr als eine visuelle Erfahrung. Ich fühlte die Gegenwart der Rose rings um mich geradeso, als sei ich in ihr, als sei ich ein Teil von ihr. Ich erfuhr es so, als *sei* ich selbst die Pflanze. Ich fühlte, wie sich die Rose zu den Klängen der Musik all der anderen Pflanzen wiegte, und ich fühlte, wie sie ihre eigene Musik schuf, eine Melodie, die in perfekter Harmonie zu den Tausenden von anderen Rosen erklang, die mit einstimmten. Ich erkannte, daß die Musik aus den einzelnen Bestandteilen meiner Blume kam, daß die Blütenblätter ihre eigenen Töne erzeugten und daß jede einzelne Intelligenz eines Blütenblattes in dessen perfekten Klang einstimmte, eine jede harmonisch zur gesamten Wirkung beitragend – und die Wirkung war Freude. Und wieder war ich vollkommen erfüllt von Freude! Ich fühlte Gott in der Pflanze, in mir – fühlte, wie Seine Liebe in mich – in uns strömte. Wir waren alle eins!

Diese Erfahrung, eins zu sein mit allem anderen, war so überwältigend, daß ich sie nie und nimmer missen möchte. Dabei ist sie nur ein Abglanz der größeren Freude, die in der geistigen Welt zur Verfügung steht.

DAS EMPFANGSKOMITEE

Eine Gruppe spiritueller Wesenheiten betrat den Garten. Viele von ihnen trugen nun weiche pastellfarbene Gewänder, wohl um dem Geist des Ortes und dem Anlaß Rechnung zu tragen. Sie umringten mich, und ich fühlte, daß sie sich zusammengefunden hatten, um eine Art Graduierungsfeier für mich zu begehen. Ich war gestorben (sterben hieß hier offensichtlich ›graduieren‹), und sie waren gekommen, um mich zu begrüßen. Ihre Gesichter leuchteten vor Freude, gerade so, als betrachteten sie ein Kind, das soeben etwas ganz Wundervolles zum erstenmal erlebt hat. Mir wurde bewußt, daß ich all diese Wesenheiten aus der Zeit vor meinem irdischen Dasein kannte, und ich lief auf sie zu und umarmte und küßte einen jeden von ihnen. Auch meine Geisthelfer – meine geliebten Mönche – waren gekommen, und ich küßte sie.

Als ich nun den Geist jeder der versammelten Wesenheiten spürte, wurde mir klar, daß sie gekommen waren, um mich zu unterstützen. Meine Begleiter, die mir auch weiterhin als Führer zur Seite standen, sagten mir nun, daß ich vorzeitig gestorben und daß dies keine richtige Graduierungsfeier sei, sondern daß man zusammengekommen wäre, um mir zu zeigen, was mich erwartete, wenn ich zur rechten Zeit zurückkehren würde. Sie waren überglücklich, mich zu sehen und mir zu helfen, doch sie wußten, daß ich zurückkehren mußte. Dann erklärten sie mir, was der Tod bedeutet.

Wenn wir ›sterben‹, so meine Begleiter, ist dies nichts als der Übergang in einen anderen Zustand. Unser Geist löst sich aus dem Körper, um sich in ein spirituelles Reich zu begeben. Erfolgt der Tod unter traumatischen Umständen, so verläßt der Geist den Körper sehr schnell, gelegentlich sogar schon vor Eintritt des Todes. Kommt beispielsweise ein Mensch bei einem Unfall oder Feuer ums Leben, so kann sein Geist bereits den Körper verlassen, bevor der Betreffende große Schmerzen erleidet. Der Körper kann dabei einige Augenblicke lang noch lebendig erscheinen, doch der Geist ist schon entwichen und hat Frieden gefunden.

Zum Zeitpunkt des Todes können wir wählen, ob wir noch bis zur Beerdigung unseres Körpers auf Erden bleiben möchten oder ob wir uns – so wie ich es tat – auf den Weg machen wollen zu der Ebene, bis zu der unser Geist gewachsen ist. Wie mir erklärt wurde, gibt es viele Entwicklungsebenen, und wir werden stets zu der Ebene gehen, auf der wir uns am wohlsten fühlen. Zumeist möchte der Geist noch für kurze Zeit auf Erden verweilen, um seinen Lieben Trost zu spenden. Die Familie empfindet eine viel tiefere Trauer als der Verstorbene selbst. Manchmal bleibt der Geist längere Zeit, wenn seine Angehörigen verzweifelt sind. Er bleibt, um die ihm nahestehenden Menschen in ihrer geistigen Heilung zu unterstützen.

Man sagte mir auch, daß unsere Gebete sowohl für die spirituellen Wesen als auch für die Menschen auf Erden von Vorteil sein können. Gibt es Anlaß zur Sorge um den Geist eines Verstorbenen, gibt es einen Grund dafür, daß der Übergang schwierig oder unerwünscht sein könnte, so können wir für ihn beten und spirituellen Beistand herbeirufen.

Es ist für uns wichtig, so wurde mir mitgeteilt, daß wir uns Wissen über den Geist aneignen, solange wir im verkörperten Zustand leben. Je mehr Wissen wir im Diesseits erlangen, desto größer und schneller unser Fortschritt im Jenseits. Manche Geistwesen sind aufgrund ihres mangelnden Wissens oder Glaubens zu wahren Gefangenen dieser Erde geworden. Wer als Atheist stirbt oder sich durch Habgier, körperliche Gelüste oder andere irdische Verrichtungen sehr stark an die Erde gebunden hat, begegnet oft Schwierigkeiten, sich auf den Weg zu machen, und bleibt in seiner Erdgebundenheit verhaftet. Häufig fehlt solchen Menschen der Glaube und die Kraft, nach der Energie und dem Licht zu streben – manchmal gar diese überhaupt zu erkennen –, die uns zu Gott hinführen. Solche Geistwesen bleiben auf der Erde, bis sie die sie umgebende höhere Macht akzeptieren lernen und die Welt loslassen. Als ich mich durch die dunkle Masse hin zum Licht bewegte, fühlte ich die Gegenwart solch unentschlossener Geistwesen. Solange sie möchten, verweilen sie hier, eingehüllt in Liebe und Wärme, den heilenden Einfluß in sich aufnehmend, bis sie schließlich lernen, voranzuschreiten und die größere Wärme und Sicherheit Gottes anzunehmen.

Von allem Wissen ist jedoch nichts wesentlicher als das Wissen um Jesus Christus. Man sagte mir, Er sei die Tür, durch die wir *alle* heimkehren werden. Er ist die einzige Tür, durch die wir heimkehren können. Ob wir Jesus Christus bereits hier auf Erden oder erst in der geistigen Welt erfahren – letztendlich müssen wir alle Ihn anerkennen und uns Seiner Liebe hingeben.

Meine Freunde, die mich im Garten umringten, waren erfüllt von Liebe, und sie erkannten, daß ich noch nicht zurückkehren, sondern noch mehr erfahren wollte. In ihrem Wunsch, mir gefällig zu sein, zeigten sie mir noch sehr viel mehr.

VIELE WELTEN

Mein Gedächtnis wurde noch weiter geöffnet, und es reichte nun vor die Erschaffung unserer Erde zurück bis in vergangene Ewigkeiten. Ich erinnerte mich daran, daß Gott der Schöpfer vieler Welten, Galaxien und Reiche jenseits unseres Verstandes war, und ich wollte sie sehen. Sowie dieser Wunsch in mir aufkam, gaben meine Gedanken mir Kraft, und es zog mich weg aus dem Garten, diesmal in Begleitung zweier anderer Lichtwesen, die meine »Eskorte« bildeten. Unsere spirituellen Körper schwebten fort von meinen Freunden in die Dunkelheit des Alls.

Unsere Geschwindigkeit nahm zu, und ich genoß den Rausch des Fliegens. Ich konnte tun, was immer ich wollte, reisen, wohin es mich zog, schnell – unglaublich schnell – oder langsam. Ich liebte die Freiheit. Ich trat in die Unendlichkeit des Alls ein und erfuhr, daß es nicht leer ist, sondern erfüllt von Liebe und Licht – der greifbaren Gegenwart des Göttlichen Geistes. Ein sanfter, lieblicher Ton erklang, fern und doch beruhigend, und er machte mich glücklich. Es war ein Ton wie Musik, doch er war universal und schien den gesamten Raum um mich zu erfüllen. Ihm folgte ein weiterer Klang in einer anderen Tonlage, und schon bald erkannte ich eine Art von

Melodie – ein gigantischer kosmischer Gesang, der mich besänftigte und beruhigte. Die Klänge erzeugten sanfte Schwingungen; und als diese mich berührten, erkannte ich ihre Heilkraft. Ich wußte, daß alles, was von diesen Klängen berührt wurde, diese heilende Wirkung empfangen würde; sie waren wie spiritueller Balsam, ein Ausdruck von Liebe zur Heilung des gebrochenen Geistes. Meine Begleiter ließen mich wissen, daß nicht alle musikalischen Klänge eine heilende Wirkung haben; manche können sogar negative emotionale Reaktionen in uns auslösen, was ich selbst schon während meines Erdendaseins an meinem eigenen Körper erfahren hatte.

Manches von dem nun Folgenden wurde aus meinem Gedächtnis gelöscht, doch viele Eindrücke blieben mir erhalten. Mir war, als sei ich wochen- oder gar monatelang unterwegs gewesen, um die unzähligen Schöpfungen Gottes zu besichtigen. Auf meinem Weg fühlte ich ständig die wohltuende Gegenwart von Gottes Liebe. Ich spürte, daß ich wieder ›zu Hause‹ war in meiner ursprünglichen Umgebung und nur das tat, was naturgegeben war. Ich reiste zu vielen anderen Welten – Erden wie der unseren, doch herrlicher und stets bevölkert von liebevollen, intelligenten Wesen. Wir *alle* sind Kinder Gottes, und Er hat die Weite des Alls für uns erfüllt. Ich legte riesige Entfernungen zurück und wußte, daß die Sterne, die ich sah, von der Erde aus nicht gesehen werden können. Ich sah Galaxien, und mit Leichtigkeit und beinahe augenblicklich gelangte ich dorthin, um die darin liegenden Welten zu sehen und weiteren Kindern

Gottes zu begegnen, die alle unsere spirituellen Brüder und Schwestern sind. Und stets war es eine Erinnerung, ein neues Erwachen. Ich wußte, daß ich schon einmal an jenen Orten gewesen war.

Viel später, nachdem ich wieder in meinen sterblichen Körper zurückgekehrt war, fühlte ich mich betrogen, als ich merkte, daß ich mich an viele Einzelheiten dieser Reise nicht erinnern konnte, doch im Laufe der Zeit habe ich gelernt, daß dieses Vergessen zu meinem eigenen Vorteil ist. Könnte ich mich an jene herrlichen, makellosen Welten erinnern, so wäre ich in meinem irdischen Dasein immer unzufrieden und könnte meine gottgegebene Aufgabe nicht erfüllen. Das Gefühl, hintergangen worden zu sein, ist einer tiefen Ehrfurcht und Dankbarkeit für die Erfahrung gewichen. Gott hatte es nicht *nötig*, mich jene anderen Welten sehen zu lassen, und Er hätte mich genausogut *alles* vergessen lassen können. Doch in Seiner Gnade hat Er mir so vieles gegeben; ich sah Welten, die wir selbst mit den leistungsstärksten Teleskopen von hier aus niemals ausmachen können, und ich weiß um die Liebe, die es dort gibt.

Die Wahl eines Körpers

Ich kehrte in den Garten zurück und traf dort wieder meine früheren Gefährten. In den Welten, die ich besucht hatte, waren mir Wesen begegnet, die sich auf dem Weg der Entfaltung befanden und daran arbeiteten, unserem himmlischen Vater gleicher zu werden. Ich war aber neugierig zu erfahren, wie sich unsere Entwicklung hier auf Erden gestaltete. Wie wachsen wir?

Meine Begleiter freuten sich über meine Frage, und sie führten mich an einen Ort, an dem viele Geistwesen auf ihr irdisches Dasein vorbereitet wurden. Sie alle waren weit in ihrer Reife vorangeschritten – während meines gesamten Aufenthaltes begegnete mir kein einziges kindliches Geistwesen. Ich sah, wie sehr sich diese spirituellen Wesen danach sehnten, zur Erde zu kommen. Sie betrachteten das Leben auf der Erde als eine Schule, in der man vieles lernen und Eigenschaften entwickeln kann, die einem fehlen. Man sagte mir, daß wir alle auf diese Welt kommen *wollten*, ja daß wir in der Tat viele unserer Schwächen und Schwierigkeiten in unserem Leben so gewählt haben, daß wir daran wachsen können. Mir wurde ebenfalls klar, daß uns manchmal zu unserem eigenen Besten gewisse Schwächen mit auf den Weg gegeben werden. Der Herr stattet uns zudem entsprechend Seinem Willen mit bestimmten Begabungen und Talenten aus. Nie sollten wir unsere Talente und Schwächen mit denen anderer Menschen vergleichen. Wir alle haben das, was wir brauchen; wir sind einzigartig. Gleichheit spiritueller Schwächen oder Begabungen ist nicht das, worauf es ankommt.

Der Bereich vor und unter mir tat sich auf, als ob sich ein Fenster öffnete, und ich erblickte die Erde. Ich sah zugleich die physische und die spirituelle Welt. Manche der aufrechten spirituellen Kinder unseres Vaters im Himmel, so erkannte ich, entschieden sich nicht für ein irdisches Dasein. Sie wollten statt dessen als spirituelle Wesen bei Gott bleiben und den Menschen auf der Erde als Schutzengel dienen. Ich verstand auch, daß es verschiedene Arten von Engeln gibt, darunter auch die sogenannten ›streitbaren Engel‹. Ihre Aufgabe, so wurde mir gezeigt, ist es, für uns gegen Satan und dessen Engel zu kämpfen. Wenn auch einem jeden von uns Schutzengel zur Seite stehen, so gibt es doch Zeiten, zu denen wir den Schutz der streitbaren Engel brauchen, und ich erfuhr, daß wir sie durch Gebete herbeirufen können. Diese Engel sind riesig und haben Männergestalt; sie sind sehr muskulös, mit einer wunderbaren Haltung. Es sind herrliche spirituelle Wesenheiten. Sie zu sehen genügte, um zu wissen, daß jeder Kampf gegen sie sinnlos wäre. Sie waren wie Krieger gekleidet, mit Helm und Rüstung, und in ihren Bewegungen waren sie schneller und behender als andere Engel. Doch was sie wohl am meisten auszeichnete, war die Aura des Vertrauens, die sie umgab; sie waren sich ihrer Fähigkeiten absolut sicher. Nichts

Böses konnte an sie herankommen, und dessen waren sie sich bewußt. Als sie plötzlich zu einem Einsatz davoneilten (welcher Art dieser Einsatz war, wurde mir nicht mitgeteilt), rührte mich ihr besorgter Gesichtsausdruck; sie waren sich über die Bedeutung ihrer Mission im klaren, und mir war ebenso klar, daß sie nicht vor deren Erfüllung zurückkehren würden.

Satan will uns haben, und wenn er, wie dies gelegentlich geschieht, seine Kräfte gegen einen von uns sammelt, so benötigt dieser Mensch besonderen Schutz. Wir alle sind jedoch stets dadurch geschützt, daß Satan nicht in unseren Gedanken lesen kann. Er kann jedoch unsere Haltungen deuten, was manchmal auf das gleiche hinausläuft wie das Lesen von Gedanken. Unsere Aura oder Haltung spiegelt die Gefühle und Emotionen unserer Seele wider. Gott sieht sie, die Engel sehen sie, und Satan sieht sie. Auch sehr feinfühlige Menschen hier auf Erden können sie sehen. Wir können uns dadurch schützen, daß wir unsere Gedanken kontrollieren, indem wir das Licht Christi in unser Leben einfließen lassen. Tun wir dies, so leuchtet das Licht durch uns hindurch und wird tatsächlich in unserer Aura sichtbar.

Mit dieser Einsicht fiel mein Blick erneut auf die Geistwesen, die noch kein irdisches Dasein geführt hatten, und ich sah, wie einige von ihnen über sterblichen Menschen schwebten. Ein männlicher Geist versuchte, einen sterblichen Mann und eine sterbliche Frau auf Erden zusammenzubringen – die beiden sollten seine zukünftigen Eltern sein. Er spielte Amor, und man machte es ihm nicht leicht. Der Mann und die Frau schienen in entgegengesetzte Richtungen zu streben und zeigten sich unwissentlich höchst unkooperativ. Das männliche Geistwesen unterwies sie, sprach mit ihnen, versuchte, sie dazu zu überreden, sich einander zu nähern. Andere spirituelle Wesen sorgten sich, als sie sahen, wie schwierig es für ihn war, und sie nahmen sich der Sache an. So versuchten mehrere, die beiden jungen Leute ›zu verkuppeln‹.

Man erklärte mir, daß wir uns in der geistigen Welt mit bestimmten spirituellen Brüdern und Schwestern, denen wir besonders nahestanden, verbinden würden. Wir schlössen eine Art Pakt mit diesen Wesen, als Familie oder Freunde zur Erde zu kommen. Diese spirituellen Bande waren das Ergebnis der Liebe, die wir nach einer Ewigkeit des Zusammenlebens füreinander empfanden. Wir entschieden uns auch dafür, mit bestimmten anderen Wesen zur Erde zu gehen, um gewisse Arbeiten gemeinsam durchzuführen. Manche von uns wollten sich verbinden, um auf der Erde bestimmte Veränderungen zu bewirken, und um dies zu erreichen, mußten geeignete Voraussetzungen geschaffen werden, die sich am besten durch die gewählten Eltern oder andere herbeiführen ließen. Einige von uns wollten auch nur einen bereits gebahnten Weg verbreitern und ihn für Nachfolgende festigen. Wir wußten um die Einflüsse, die wir später während unseres Lebens aufeinander ausüben, und die physischen und verhaltensmäßigen Eigenschaften, die wir von unserer Familie erhalten würden. Wir kannten den genetischen Code der sterblichen Körper und die physischen Besonderheiten, die wir haben würden. Wir wollten und brauchten sie.

Wir verstanden, daß die Zellen unseres neuen Körpers mit einem Gedächtnis ausgestattet sein würden. Diese Vorstellung war mir völlig neu. Ich erfuhr, daß alle Gedanken und Erfahrungen, die wir während unseres Lebens machen, in unserem Unterbewußtsein gespeichert werden. Und sie werden auch in unseren Zellen gespeichert, so daß also in jeder einzelnen Zelle nicht nur ein bestimmter genetischer Code, sondern auch alle Erfahrungen, die wir je gemacht haben, eingraviert sind. Wie ich weiter erfuhr, werden diese Erinnerungen über den genetischen Code an unsere Kinder weitergegeben. So erklären sich viele familiäre Besonderheiten und Neigungen wie Suchtgefährdungen, Ängste, Stärken und so weiter. Mir wurde ferner mitgeteilt, daß wir nicht mehrmals auf dieser Erde leben. Wenn wir uns an ein früheres Leben zu ›erinnern‹ scheinen, greifen wir in Wirklichkeit nur auf die in unseren Zellen gespeicherten Erinnerungen zurück.

Mir wurde klar, daß wir all die Herausforderungen unseres komplexen physischen Aufbaus verstanden und daß wir uns voll Zuversicht in die damit einhergehenden Umstände fügten.

Uns wurden auch die spirituellen Eigenschaften verliehen, die wir zur Erfüllung unserer Aufgabe benötigten, wobei viele dieser Attribute speziell auf unsere Bedürfnisse zugeschnitten wurden. Unsere Eltern waren mit einem eigenen Satz spiritueller Fähigkeiten ausgestattet, von denen einige womöglich auf uns übertragen worden waren, und wir beobachteten, wie diese ihre Fähigkeiten einsetzten. Mit zunehmender Reife erwarben wir auch neue Attribute. Nun besitzen wir unseren eigenen Satz spiritueller Werkzeuge, und wir können entweder Näheres über den Einsatz dieser Fähigkeiten lernen oder aber uns dafür entscheiden, sie überhaupt nicht anzuwenden. Unabhängig von unserem Alter können wir uns neue spirituelle Eigenschaften aneignen, die uns bei der Bewältigung unserer Aufgaben behilflich sind. Diese Möglichkeit steht uns immer offen. Ich erkannte, daß uns *immer* gerade das Attribut zur Verfügung steht, das wir brauchen, um uns selbst zu helfen, wenn wir dieses vielleicht auch noch nicht erkannt haben oder einzusetzen wissen. Wir müssen nach innen schauen. Wir müssen auf unsere Fähigkeiten vertrauen; das passende spirituelle Werkzeug ist stets zur Hand.

Nachdem ich beobachtet hatte, wie sich die Geistwesen bemühten, die beiden jungen Leute einander näherzubringen, wandte ich meine Aufmerksamkeit anderen zu, die sich auf ihr Erdendasein vorbereiteten. Ein besonders leuchtender und dynamischer Geist zog gerade in den Schoß seiner Mutter ein. Er hatte sich dazu entschlossen, mit einer geistigen Behinderung in diese Welt zu gehen. Er war voll freudiger Erregung über diese Chance und war sich bewußt, welches Wachstum er und seine Eltern erreichen könnten. Die drei hatten sich schon seit langem miteinander verbunden und diese Konstellation geplant. Er begann sein sterbliches Dasein zum Zeitpunkt der Empfängnis, und ich konnte zusehen, wie sein Geist in die Gebärmutter und das neuentstandene Leben einzog. Er sehnte sich danach, die große Liebe seiner sterblichen Eltern zu fühlen.

Ich lernte, daß ein Geist zu jeder Zeit während der Schwangerschaft in den mütterlichen Körper einziehen kann. Sofort nach seinem Eintritt erfährt er die Sterblichkeit. Abtreibung, so wurde mir gesagt, ist wider die Natur. Der Geist, der in den Körper einzieht, fühlt sich zurückgestoßen und ist traurig. Er weiß, daß dieser Körper für ihn bestimmt war – egal ob er nun ehelich oder unehelich gezeugt, behindert oder so schwach war, daß er nur wenige Stunden überleben konnte. Doch der Geist empfindet auch Mitgefühl für seine Mutter, denn er weiß, daß sie ihre Entscheidung aufgrund des Wissens fällte, das ihr zur Verfügung stand.

Ich sah viele Geistwesen, die nur für sehr kurze Zeit zur Erde kommen sollten; sie würden nur wenige Stunden oder Tage nach der Geburt leben. Sie zeigten die gleiche freudige Erregung wie die anderen, denn auch sie wußten, daß sie eine Aufgabe zu erfüllen hatten. Ich verstand, daß ihr Tod – ebenso wie unser aller Tod – bereits vor ihrer Geburt geplant war. Diese spirituellen Wesen bedurften nicht der Entwicklung, wie sie mit einem längeren Dasein in der Sterblichkeit einhergeht, und ihr Tod war als Wachstumschance für ihre Eltern gedacht. Die Trauer, die hierbei empfunden wird, ist zwar intensiv, doch nicht von langer Dauer. Sobald wir wieder vereinigt sind, ist aller Schmerz wie weggeblasen, und wir empfinden nur noch die Freude über das erreichte Wachstum und unser Zusammensein.

Ich war überrascht zu sehen, wie viele Pläne und Entscheidungen zum Vorteil anderer dienten. Wir sind alle bereit, Opfer für andere zu erbringen. Alles dient dem

Wachstum des Geistes – jede Erfahrung, alle Begabungen und Schwächen sind darauf ausgerichtet. Die Dinge dieser Welt sind im Jenseits kaum von Belang – ja beinahe bedeutungslos. *Alles* wird mit spirituellen Augen betrachtet.

Eine Zeit wird festgelegt, in der wir unsere irdische Ausbildung abschließen werden. Einige Geistwesen kommen nur der Geburt wegen; sie bringen Erfahrungen für andere und scheiden dann schnell wieder aus dieser Welt. Andere erreichen ein sehr hohes Alter, um ihre Ziele zu verwirklichen und anderen dadurch nützlich zu sein, daß sie ihnen Gelegenheit zum Dienen geben. Manche kommen als unsere Führer oder Anhänger, unsere Soldaten, unsere Reichen oder Armen, und es ist der Sinn ihres Daseins, Situationen und Beziehungen zu schaffen, durch die wir lernen können zu lieben. Jeder, der unseren Weg kreuzt, führt uns hin zu unserem letztendlichen Ziel. Wir sollen unter schwierigen Bedingungen getestet werden, um zu sehen, wie wir in unserem Leben dem wichtigsten der Gebote gerecht werden – dem Gebot, einander zu lieben. Während unseres irdischen Daseins sind wir *alle* kollektiv miteinander verbunden. Wir bilden eine Einheit mit dem einen obersten Ziel – einander lieben zu lernen.

Bevor sich diese Szene des vor-irdischen Lebens der spirituellen Wesen mir wieder entzog, wurde meine Aufmerksamkeit auf einen weiteren Geist gerichtet. Es war ein weiblicher Geist und eines der charmantesten, entzückendsten Geschöpfe, die ich bislang gesehen hatte. Sie war voll Energie und verbreitete eine ansteckende

Fröhlichkeit. Ich betrachtete sie voll Staunen, bis mich schließlich das Gefühl einer engen Bindung zwischen uns überkam, und ich spürte, wie sehr sie mich liebte. Meine Erinnerung an diesen Augenblick wäre fast ausgelöscht worden, doch ich wußte, daß ich sie nie wieder vergessen würde und daß sie – wohin auch immer sie gehen mochte – ein ganz persönlicher Engel für einen bestimmten Menschen sein würde.

Während dieser Betrachtung der vor-sterblichen Existenz war ich beeindruckt von der Schönheit und Herrlichkeit eines jeden Geistwesens. Ich wußte, daß ich – wie jeder von uns – schon früher hiergewesen war und daß wir alle von Licht und Schönheit erfüllt waren. Und da dachte ich: ›Wenn jeder von uns sich vor seiner Geburt sehen könnte, würden wir ob unserer Intelligenz und Herrlichkeit ins Staunen geraten. Die Geburt ist wie ein Schlaf, der den Schleier des Vergessens über uns breitet.‹

DER BETRUNKENE

Zur Erde zu kommen ist fast so, als wählte man ein College und ein Studienfach aus. Wir befinden uns alle auf unterschiedlichen Stufen der spirituellen Entwicklung, und wir werden in das Umfeld hineingeboren, das unseren jeweiligen spirituellen Bedürfnissen am besten gerecht wird. In dem Augenblick, in dem wir andere aufgrund ihrer Fehler und Unzulänglichkeiten verurteilen, zeigen wir ähnliche Unzulänglichkeiten in uns selbst. Auf der Erde verfügen wir nicht über das erforderliche Wissen, um Menschen richtig beurteilen zu können.

Als ob man mir dieses Prinzip anschaulich vor Augen führen wollte, tat sich der Himmel auf, und ich sah wieder die Erde. Dieses Mal fiel mein Blick auf eine Straßenecke in einer Großstadt. Hier lag neben einem Gebäude ein völlig betrunkener Mann auf dem Gehweg. Einer meiner Begleiter fragte: ›Was siehst du?‹

›Na, einen betrunkenen Penner‹, antwortete ich, ohne zu verstehen, warum ich mir dies ansehen sollte.

Meine Begleiter wurden ganz aufgeregt. Sie sagten: ›Nun werden wir dir zeigen, wer das in Wirklichkeit ist.‹

Sein Geist wurde mir offenbart, und ich sah einen herrlichen Mann, der erfüllt war von Licht. Liebe strömte aus seinem Wesen, und mir wurde klar, daß er im Himmel große Bewunderung genoß. Dieses beeindruckende Wesen kam als Lehrer zur Erde, um einem Freund zu helfen, mit dem er spirituell verbunden war.

Sein Freund war ein renommierter Anwalt, der nur ein paar Häuserblocks weiter eine Kanzlei unterhielt. Wenngleich sich der Trinker zu diesem Zeitpunkt nicht an die Abmachung mit seinem Freund erinnerte, war es seine Aufgabe, diesen an die Bedürfnisse anderer zu gemahnen. Der Anwalt war von Natur aus mitfühlend, doch den Betrunkenen zu sehen würde ihn veranlassen, noch mehr für Menschen zu tun, die seiner Hilfe bedurften. Ich wußte, daß sich die beiden begegnen und der Anwalt den in dem Betrunkenen wohnenden Geist – die Seele in diesem Mann – erkennen würde; und diese Begegnung würde ihn zu vielen guten Taten veranlassen. Die beiden würden zwar nie wissen, daß sie ihre Rollen bereits zuvor abgesprochen hatten, dennoch würden sie ihre Aufgaben erfüllen. Der Trinker hatte sein irdisches Dasein dem Vorteil eines anderen geopfert. Seine Entwicklung würde voranschreiten, und anderes, was er zu seiner Entfaltung benötigte, würde ihm später gegeben werden.

Ich erinnerte mich, daß auch ich Menschen begegnet war, die mir vertraut erschienen. Bereits beim ersten Zusammentreffen fühlte ich eine Nähe, ein Erkennen, doch ich hatte nicht gewußt, warum. Jetzt wußte ich, daß diese aus einem bestimmten Grund meine Wege gekreuzt hatten. Diese Menschen waren für mich stets etwas ganz Besonderes gewesen.

Meine Gefährten sprachen wieder und unterbrachen so meinen Gedankenfluß. Sie meinten, daß ich niemals ein Urteil über meine Mitmenschen fällen sollte, weil es mir an reinem Wissen fehle. Die Passanten, die an dem an der Straßenecke liegenden Betrunkenen vorbeigingen, konnten den edlen Geist in ihm nicht erkennen und urteilten folglich nach der äußeren Erscheinung. Auch ich hatte mich dieser Art der Beurteilung schuldig gemacht und hatte meine Mitmenschen im stillen nach ihrem Wohlstand und ihren äußerlichen Fähigkeiten eingeschätzt. Nun erkannte ich, wie ungerecht ich gewesen war und daß ich keine Ahnung hatte, wie diese Menschen hier lebten oder – wichtiger noch – was für ein Geist in ihnen wohnte.

Da fiel mir der Spruch ein: ›Denn die Armen sind stets bei dir, und wann immer du willst, kannst du ihnen Gutes tun.‹ Doch dieser Gedanke beunruhigte mich. Warum haben wir die Armen stets bei uns? Warum kann der Herr nicht für alle sorgen? Warum konnte er nicht einfach den Anwalt dazu veranlassen, sein Geld mit anderen zu teilen? Wieder unterbrachen die Begleiter meine Gedanken. Sie sagten: ›Engel wandeln unter euch, ohne daß ihr es merkt.‹

Ich war verwirrt. Dann halfen mir meine Gefährten zu verstehen. Wir *alle* haben Bedürfnisse, nicht nur die Armen. Und wir alle haben uns in der geistigen Welt dazu verpflichtet, uns gegenseitig zu helfen. Doch wir sind zögerlich bei der Einhaltung der vor so langer Zeit getroffenen Vereinbarungen. So schickt der Herr seine Engel zu uns, die uns führen und uns dabei helfen, unseren Verpflichtungen treu zu bleiben. Er zwingt uns nicht, doch Er kann uns führen.

Ich fühlte mich nicht zurechtgewiesen, doch ich wußte, daß ich die Hilfe des Herrn für uns Menschen auf Erden gründlich mißverstanden und unterschätzt hatte. Er gewährt uns jede erdenkliche Hilfe, ohne dabei in unser persönliches Handeln und unseren freien Willen einzugreifen. Wir müssen bereit sein, einander zu helfen. Wir müssen bereit sein zu sehen, daß der Arme unsere Wertschätzung ebenso verdient wie der Reiche. Wir müssen bereit sein, *all* unsere Mitmenschen anzunehmen, auch wenn sie anders sind als wir selbst. Alle Menschen verdienen unsere Liebe und Freundlichkeit. Wir haben kein Recht dazu, intolerant oder wütend zu sein oder uns von allem abzuwenden. Wir haben nicht das Recht, auf andere herabzublicken oder sie in unserem Herzen zu verdammen. Das einzige, was wir von unserem irdischen Dasein mitnehmen können, ist das Gute, das wir anderen getan haben. Ich sah, daß all unsere guten Taten und freundlichen Worte zu uns zurückkommen werden, um uns nach diesem Leben auf hundertfache Weise zu entlohnen. Unsere Stärke liegt in unserem Mitgefühl.

Meine Gefährten und ich schwiegen einen Augenblick. Der Trinker war nun nicht mehr zu sehen. Meine Seele war erfüllt mit Verständnis und Liebe. Ach, wenn ich nur anderen so helfen könnte, wie dieser Betrunkene seinem

Freund! Ach, wenn ich nur anderen in meinem Leben zum Segen gereichen könnte! Meine Seele hallte wider vom Echo der kosmischen Wahrheit: Unsere Stärke liegt in unserem Mitgefühl.

DAS GEBET

Ich war voll Demut angesichts des Wissens, das mir über die Menschheit zuteil wurde, über den himmlischen Wert jeder einzelnen Seele. Mich dürstete nach mehr Licht und Wissen. Da taten sich die Himmel wieder auf und ich sah, wie sich der Erdball im All bewegte. Von der Erde blitzten viele Lichter auf wie von Richtscheinwerfern. Einige waren sehr deutlich und erreichten den Himmel wie breite Laserstrahlen. Andere glichen dem Licht einer winzigen Taschenlampe, und wieder andere waren kaum mehr als ein Funke. Ich war überrascht zu hören, daß diese Kraftstrahlen die Gebete waren, die die Menschen auf der Erde sprachen.

Ich sah, wie Engel die Gebete eilends beantworteten. Das Ganze war so angelegt, daß den Menschen so viel wie möglich geholfen werden konnte. Und während ihres ›Einsatzes‹ flogen die Engel im wahrsten Sinne des Wortes von einem Menschen zum anderen, von Gebet zu Gebet, und ihre Arbeit erfüllte sie mit Liebe und Freude. Sie waren überglücklich, uns zu helfen, und es erfüllte sie mit besonderer Freude, wenn jemand mit so viel Intensität und Glauben betete, daß ihm sofort geantwortet werden konnte. Stets reagierten sie zuerst auf die helleren, größeren Gebete, und dann widmeten sie sich den anderen, immer der Reihe nach, bis alle beantwortet waren. Mir fiel jedoch auf, daß unaufrichtige, heruntergeleierte Gebete – wenn überhaupt – nur sehr wenig Licht haben, und da ihnen die Kraft fehlt, bleiben viele unerhört.

Ich wurde ausdrücklich darauf hingewiesen, daß *alle* Bitten und Fürbitten erhört und beantwortet werden. Wenn wir in großer Not sind oder für andere Menschen beten, so senden wir direkte Lichtstrahlen aus, die sofort sichtbar sind. Ich erfuhr, daß es kein bedeutenderes Gebet gibt als das einer Mutter um ihr Kind. Dies sind die reinsten Gebete, denn sie bringen ein intensives Verlangen zum Ausdruck und sind manchmal voll Verzweiflung. Eine Mutter kann ihr Herz ihren Kindern schenken und zu Gott mit aller Macht für sie beten. Wir alle tragen jedoch die Fähigkeit in uns, Gott mit unseren Gebeten zu erreichen.

Sobald wir unsere Bitten und Fürbitten zum Ausdruck gebracht haben, so erkannte ich, müssen wir sie loslassen und darauf vertrauen, daß Gott die Kraft hat, uns zu erhören. Stets kennt Er unsere Bedürfnisse, und Er wartet nur darauf, daß wir Ihn um Hilfe bitten. Er besitzt alle Macht, unsere Gebete zu erhören, doch Er ist an Seine eigenen Gesetze und an unseren Willen gebunden. Wir müssen darum bitten, daß Sein Wille der unsere werde. Wir müssen Ihm vertrauen. Haben wir uns frei von allen Zweifeln mit einer ernsthaften Bitte an Ihn gewandt, so wird uns gegeben werden.

Unsere Gebete für andere sind sehr stark, doch sie können nur dann erhört werden, wenn sie nicht den freien

Willen des anderen beeinträchtigen oder den Bedürfnissen des anderen zuwiderlaufen. Gott muß uns eigenverantwortlich handeln lassen, doch Er ist auch bereit, uns in jeder möglichen Weise zu helfen. Ist der Glaube unseres Freundes schwach, so können wir ihn mit der Kraft unseres Geistes im wahrsten Sinne des Wortes aufrichten. Im Falle einer Krankheit können wir ihm mit unseren Gebeten aus dem Glauben heraus oftmals die Kraft geben, die er braucht, um geheilt zu werden – sofern seine Krankheit nicht als Wachstumschance notwendig ist. Kurz vor dem Tod eines uns nahen Menschen dürfen wir nie vergessen, darum zu beten, daß Sein Wille geschehe, denn sonst könnten wir dem Sterbenden seinen Übergang erschweren, indem wir in ihm widerstreitende Gefühle erwecken. Es gibt unzählige Möglichkeiten, wie wir anderen helfen können. Wir können weit mehr für unsere Familie, unsere Freunde oder andere Menschen tun, als wir es normalerweise für möglich halten.

Das alles erscheint so einfach – auf den ersten Blick allzu einfach für mich. Ich hatte immer angenommen, daß Beten eine stundenlange Prozedur sein müßte. Ich dachte, wir müßten beim Herrn ständig und immer wieder aufs neue bitten und betteln, bis schließlich etwas geschehen würde. Ich hatte da mein eigenes System entwickelt. Ich bat Ihn zunächst um etwas, was ich zu brauchen glaubte. Dann versuchte ich, Ihn zu beeinflussen mit dem Hinweis, daß es in Seinem eigenen Interesse sei, mir zu helfen. Wenn das nichts half, fing ich an zu handeln, indem ich die Verrichtung eines bestimmten Gehorsamsaktes oder die Erbringung eines Opfers anbot, um Seinen Segen zu verdienen. Dann fing ich in meiner Verzweiflung an zu betteln, und wenn schließlich gar nichts anderes mehr half, bekam ich einen Wutanfall. Mit diesem System waren meine Gebete weit weniger erhört worden, als ich es mir erhofft hatte. Nun verstand ich, daß diese Gebete ein Ausdruck von Zweifel waren. Dieses Gehabe war das Ergebnis meines mangelnden Vertrauens in Seine Bereitschaft, mich allein um der Rechtmäßigkeit meiner Bedürfnisse willen zu erhören. Ich zweifelte an Seinem Sinn für Gerechtigkeit, und ich war mir noch nicht einmal sicher, ob Er mich überhaupt hörte. All diese Zweifel schufen eine Barriere zwischen mir und Gott.

Nun verstand ich, daß Gott nicht nur unsere Gebete erhört, sondern zudem unsere Bedürfnisse bereits kennt, bevor wir uns ihrer bewußt werden. Ich sah, daß Er und Seine Engel unsere Gebete bereitwillig aufnehmen. Ich sah, wie sehr sie sich darüber freuten. Ich erkannte jedoch auch, daß Gott eine Gesamtschau hat, die wir nie nachvollziehen können. Er sieht in unsere ewige Vergangenheit und Zukunft und weiß um unsere immerwährenden Bedürfnisse. In Seiner großen Liebe beantwortet Er unsere Gebete aus Seiner ewigen und allwissenden Sicht heraus. Er beantwortet *alle* Gebete auf optimale Weise. Mir wurde klar, daß es unnötig ist, Begehren unablässig aufs neue vorzutragen, so als könne Er sie nicht verstehen. Wir brauchen Glauben und Geduld. Er hat uns unseren freien Willen gegeben, und wenn wir zu Ihm beten, erlauben wir Seinem Willen, in unserem Leben zu wirken.

Ich verstand auch, wie wichtig es ist, Gott für das zu danken, was uns gegeben wurde. Dankbarkeit ist eine immerwährende Tugend. Wir müssen beten voll Demut und nehmen voll Dankbarkeit. Je mehr wir Gott für Seine Segnungen danken, desto mehr öffnen wir den Weg für weitere Segnungen. Öffnen wir unsere Herzen und unseren Geist, um Seine Segnungen zu empfangen, so werden wir bis zum Überströmen gefüllt. Wir werden die Gewißheit erlangen, daß Er lebt. Wir können selbst wie die Engel werden und denen helfen, die unseres Beistands bedürfen. Wenn wir beten und dienen, scheint unser Licht ohne Unterlaß. Im Dienen gießen wir Öl in unsere Lampen, die geschaffen sind aus Mitgefühl und Liebe.

DER RAT

Meine Gefährten und ich weilten noch immer im Garten, und als ich mir meiner Umgebung wieder bewußt wurde, entzog sich mir der Blick auf die Erde. Ich wurde aus dem Garten zu einem großen Gebäude geführt. Beim Betreten war ich beeindruckt von seinen Details und der erlesenen Schönheit. Hier sind alle Bauwerke perfekt; jede Linie, jeder Winkel und jedes Detail steht in absoluter Harmonie mit dem Gesamtwerk, so daß ein Gefühl der Ganzheit oder Zwangsläufigkeit entsteht. Hier ist jede Struktur, jede Einzelheit ein Kunstwerk.

Ich wurde in einen formvollendeten Raum von erlesener Ausstattung geführt. Beim Betreten sah ich eine Gruppe von Männern, die entlang der Längsseite eines nierenförmigen Tisches saßen. Ich wurde hingeführt und stand ihnen nun gegenüber, dort, wo der Tisch eingebuchtet war. Und etwas fiel mir sofort auf: Es waren insgesamt zwölf Männer zugegen – alles Männer und keine Frauen. Ich zähle mich eher zu den auf Unabhängigkeit bedachten Erdenbürgern und reagiere daher empfindlich auf Benachteiligungen der Frau in der Gesellschaft. Ich machte mir Gedanken um die Gleichstellung und faire Behandlung der Frauen und hatte eine ganz eindeutige Meinung zu deren Fähigkeit, mit Männern zu konkurrieren und diesen gleichgestellt zu sein. Ich hätte negativ reagieren können auf diesen Rat, in dem keine Frauen vertreten waren, doch ich fing an, die unterschiedlichen Rollen von Mann und Frau in einem neuen Licht zu sehen. Dieses neue Verständnis begann sich bereits in mir zu entwickeln, als ich bei der Erschaffung der Erde zugesehen hatte. Ich hatte die Unterschiede zwischen Adam und Eva gesehen. Mir war vor Augen geführt worden, daß Adam mit seinem Leben im Garten weitaus zufriedener war und Eva eine gewisse Rast- und Ruhelosigkeit in sich trug. Sie wünschte sich so verzweifelt, Mutter zu werden, daß sie dafür sogar bereit war, das Risiko des Todes auf sich zu nehmen. Eva war nicht der Versuchung anheimgefallen, sondern traf eine bewußte Entscheidung, um Bedingungen herbeizuführen, die für ihren Fortschritt notwendig waren, und auf ihre Initiative hin wurde Adam schließlich dazu bewegt, auch von der Frucht zu kosten. Indem sie die Frucht kosteten, brachten sie den Menschen die Sterblichkeit und schufen damit die notwendigen Voraussetzungen für uns, Kinder zu haben – aber auch zu sterben.

Ich sah, wie der Geist Gottes auf Eva ruhte, und ich erkannte, daß die Rolle der Frau auf Erden immer einzigartig sein würde. Mir wurde klar, daß eine Frau aufgrund ihrer besonderen emotionalen Struktur für Liebe empfänglicher ist und den auf ihr ruhenden Geist Gottes ganzheitlicher empfinden kann. Ich verstand, daß die schöpferische Mutterrolle ihr eine ganz besondere Beziehung zu Gott, dem Schöpfer, verleiht.

Gleichzeitig wurde mir aber auch bewußt, welchen Gefahren wir Frauen durch Satan ausgesetzt sind. Er würde auf der Erde mit demselben Prozeß der Versuchung arbeiten, den er im Garten Eden eingesetzt hatte. Er würde versuchen, die Frauen in Versuchung zu führen, um Familien – und damit letztendlich die Menschheit – zu zerstören. Dies beunruhigte mich, doch ich wußte, daß es stimmte. Sein Plan war offensichtlich. Er würde sich die Rastlosigkeit der Frauen und die Kraft ihrer Emotionen zunutze machen – jene Emotionen, die Eva die Macht gaben, Adam zu überreden, der mit seiner Situation durchaus zufrieden gewesen war. Ich erkannte, daß dies die eheliche Beziehung angreifen, Mann und Frau einander entfremden und ihr Heim mit Hilfe der Anziehungskraft von Sex und Habgier zerstören würde. Kinder würden Schaden nehmen durch ihr gestörtes Zuhause, und Frauen würden niedergedrückt von Furcht und womöglich auch Schuldgefühlen beim Anblick ihrer auseinanderbrechenden Familie – von Furcht und Angst vor der Zukunft. Furcht und Schuldgefühle würden die Frauen zerstören und die Erfüllung ihres göttlichen Auftrags auf Erden vereiteln. Dieser Negativentwicklung, wurde mir gesagt, würden die Männer bald folgen. Allmählich fing ich an, den Unterschied zwischen den Rollen von Mann und Frau zu begreifen, und ich verstand die Notwendigkeit und Schönheit dieser Rollen.

Mit diesem neuen Verständnis bereitete es mir keine Probleme, daß der Rat ausschließlich aus Männern bestand. Ich fand mich damit ab, daß sie ihre Rolle hatten und ich die meine. Die Männer strahlten Liebe für mich aus, und ich fühlte mich sofort wohl in ihrer Gegenwart.

Sie steckten die Köpfe zusammen und berieten sich. Dann ergriff einer der Männer das Wort. Er erklärte, daß ich zu früh gestorben sei und zur Erde zurückkehren müsse. Ich fühlte, daß sie meine Rückkehr für *wichtig* hielten, um dort meine Aufgabe zu erfüllen, doch in meinem Herzen regte sich Widerstand. Dies war mein Zuhause, und ich konnte mir kein Argument vorstellen, das mich zu seinem Verlassen hätte bewegen können. Die Männer berieten sich nochmals und fragten mich dann, ob ich auf mein Leben Rückschau halten wolle. Die Frage klang beinahe wie ein Befehl. Ich zögerte. Niemand möchte an diesem Ort der Reinheit und Liebe gerne auf sein sterbliches Leben zurückschauen. Doch sie meinten, es sei wichtig für mich, dies zu tun, und so stimmte ich schließlich zu. Ein Licht erschien neben mir, und ich fühlte die Liebe des Erlösers an meiner Seite.
Ich trat nach links, um meine Lebensrückschau zu sehen. Sie fand dort statt, wo ich soeben gestanden hatte. Mein Leben erschien vor mir in Form von – wie könnte man es beschreiben? – etwas wie extrem konturenscharfen Hologrammen, die mit enormer Geschwindigkeit wiedergegeben wurden. Es überraschte mich, daß ich so viele Informationen in so kurzer Zeit in mich aufnehmen konnte. Mein Verständnis umfaßte wesentlich mehr, als meine Erinnerung an die einzelnen Ereignisse meines Lebens hätte reproduzieren können. Ich durchlebte nicht nur meine eigenen Emotionen eines jeden Augenblicks, sondern auch die meiner Mitmenschen. Ich erfuhr, was sie über mich dachten und fühlten. Bisweilen wurden mir plötzlich bestimmte Dinge klar. ›Ja‹, sagte ich

mir dann, ›oh ja, jetzt ist mir alles klar. Wer hätte das gedacht? Ja natürlich, so macht das Ganze Sinn.‹ Und ich erkannte die Enttäuschung, die ich anderen bereitet hatte, und ich mußte schmerzvoll das Gesicht verziehen, als mich ihre Gefühle der von mir verschuldeten Enttäuschung überfluteten. Ich wurde das ganze Ausmaß des Leids gewahr, das ich verursacht hatte. Ich fing an zu zittern. Ich erkannte, wieviel Schmerz ich anderen mit meinen Wutausbrüchen und meiner üblen Laune bereitet hatte – einen Schmerz, den ich nun selbst durchlitt. Ich sah, wie selbstsüchtig ich gewesen war, und mein Herz schrie nach Erlösung. Wie hatte ich nur so wenig einfühlsam sein können?

Dann spürte ich inmitten meines Schmerzes, wie mich die Liebe der Männer des Rates durchdrang. Sie betrachteten mein Leben voll Verständnis und Barmherzigkeit. All meine besonderen Lebensumstände wurden in Betracht gezogen, meine Kindheit, meine Erziehung, die Schmerzen, die mir andere zugefügt hatten, die Möglichkeiten, die ich erhalten hatte oder die mir verwehrt geblieben waren. Und ich erkannte, daß der Rat *nicht über mich urteilte.* Ich selbst war es, die mich verurteilte. Die Liebe und Barmherzigkeit der Männer war absolut. Der Respekt, den sie für mich empfanden, konnte durch nichts beeinträchtigt werden. Ich war ganz besonders dankbar für ihre Liebe, als die nächste Phase meiner Lebensrückschau vor mir ablief.

Hierbei wurde mir etwas gezeigt, was die Räte als ›Welleneffekt‹ bezeichneten. Ich sah, wie oft ich jemandem Unrecht getan hatte und wie sich dieser Mensch dann oftmals einem anderen zuwandte, um ihm ein ähnliches Unrecht zuzufügen. Die Kette setzte sich fort von Opfer zu Opfer, wie ein Kreis von fallenden Dominosteinen, bis sie schließlich zu ihrem Ausgangspunkt – zu mir, dem Verursacher – zurückkehrte. Die Wellen breiteten sich aus und schlugen zurück. Ich hatte wesentlich mehr Menschen verletzt, als mir bewußt war, und mein Schmerz wuchs, bis er unerträglich wurde.

Da näherte sich voller Besorgnis und Liebe der Erlöser. Sein Geist gab mir Kraft. ›Du bist zu streng mit dir selbst‹, sagte Er. Darauf eröffnete sich mir die andere Seite des ›Welleneffektes‹. Ich sah, wie ich Gutes tat – nur einen kleinen Akt der Selbstlosigkeit – und wie sich auch hier die Wellen ausbreiteten. Die Freundin, zu der ich gut gewesen war, tat einer ihrer Freundinnen etwas Gutes, und die Kette wiederholte sich. Ich sah, wie Liebe und Freude im Leben anderer zunahmen, und das nur wegen meines kleinen simplen Aktes der Güte. Ich sah, wie ihre Freude wuchs und ihr Leben positiv beeinflußt wurde – manchmal auf beträchtliche Weise. An die Stelle meines Schmerzes trat Glück. Ich *fühlte* die Liebe, die sie empfanden, und ich fühlte ihre Freude. Und alles aufgrund eines einzigen kleinen Aktes der Güte. Da keimte ein mächtiger Gedanke in mir, den ich im Geiste stets aufs neue wiederholte. ›Liebe ist wirklich das einzige, worauf es ankommt, und Liebe ist *Glückseligkeit!*‹ Dazu kam mir ein Bibelwort in den Sinn, ›Ich bin gekommen, damit sie das Leben haben und es in Fülle haben‹ (Johannes 10:10), und meine Seele strömte über vor Freude.

Das alles erschien mir so einfach. *Wenn wir gut sind,*

empfinden wir Freude und Glück. Und plötzlich fragte ich mich: ›Warum habe ich das nicht schon früher gewußt?‹ Da sprach Jesus oder einer der Männer zu mir. Was ich hörte, drang tief in mich ein und änderte meine Art, mit Prüfungen und Widerständen umzugehen, von Grund auf. ›Du brauchtest sowohl die negativen als auch die positiven Erfahrungen auf Erden. Bevor du Freude empfinden kannst, mußt du erst Leid erfahren.‹

All meine Erfahrungen bekamen damit eine neue Bedeutung. Ich erkannte, daß ich in meinem Leben nicht wirklich Fehler gemacht hatte. Jede Erfahrung war ein Werkzeug für mein Wachstum. Jedes Unglückserlebnis hatte mir geholfen, mich besser zu verstehen, bis ich schließlich lernte, solche Erfahrungen zu vermeiden. Ich sah auch meine Fähigkeit wachsen, anderen zu helfen. Und ich erkannte, daß viele meiner Erfahrungen von Schutzengeln arrangiert worden waren. Einige Erlebnisse waren traurig, andere freudvoll, doch alle zielten darauf hin, Wissen zu erwerben.

Ich sah, daß mir die Schutzengel während all meiner Prüfungen zur Seite standen und mir halfen, wo immer sie konnten. Manchmal war ich von vielen Schutzengeln umgeben, manchmal waren es nur ein paar, je nachdem, wie viele ich brauchte. Während meiner Lebensrückschau stellte ich fest, daß ich die gleichen Fehler und falschen Handlungsweisen immer und immer wieder beging, bis ich meine Lektion endlich gelernt hatte. Doch ich erkannte auch, daß sich mit fortschreitendem Wachstum immer mehr Tore für mich öffneten. Und in der Tat: Diese Tore *wurden geöffnet,* denn vieles, was ich selbst getan zu haben glaubte, war mir durch göttliche Hilfe gegeben worden.

So empfand ich die Lebensrückschau schon bald nicht mehr als negative, sondern als positive Erfahrung. Meine Selbsteinschätzung änderte sich, und ich sah meine Sünden und Unzulänglichkeiten in einem vieldimensionalen Licht. Ja, sie brachten mir und anderen Leid, doch sie dienten auch als ein Mittel, meine Denk- und Verhaltensweisen zu korrigieren. Ich verstand, daß vergebene Sünden ausgelöscht werden. Es ist, als würden sie überlagert von einem neuen Verständnis, von einer neuen Richtung im Leben. Dieses neue Verstehen führt auf ganz natürliche Weise dahin, künftig nicht mehr zu sündigen.

Ich verstand, daß Selbstvergebung der Anfang allen Verzeihens ist. Solange ich mir selbst nicht vergebe, ist es mir unmöglich, anderen wirklich zu vergeben. Und wir müssen anderen vergeben. Wie wir austeilen, so bekommen wir zurück. Wenn ich Vergebung suche, muß ich Vergebung gewähren. So erkannte ich auch, daß Verhaltensweisen, die mich an anderen am meisten störten – und für die ich meinen Mitmenschen am wenigsten vergeben konnte –, so gut wie immer eigene, mehr oder weniger offene psychische Grundmuster waren. Andere Menschen führten mir meine eigenen bzw. die potentiell in mir schlummernden Schwächen vor Augen, und ich fühlte mich von ihnen bedroht.

Ich erkannte, wie schädlich das Streben nach irdischen Dingen sein kann. Wahres Wachstum ist immer spirituell, und weltliche Dinge wie Besitztümer und ungezügelte Gelüste ersticken den Geist. Sie werden zu unseren Göttern und binden uns an das Fleisch, so daß wir nicht mehr frei sind, um die von Gott gewollten Erfahrungen des Wachstums und der Freude zu erleben.

Noch einmal wurde mir vermittelt, daß es das Allerwichtigste im Leben sei, meine Mitmenschen so zu lieben wie mich selbst. Doch um andere so wie mich selbst lieben zu können, mußte ich zunächst mich selbst wirklich lieben. Die Schönheit und das Licht Christi waren in mir – Er sah es! Nun mußte ich in mir suchen, um es selbst zu finden. Wie einem Gebot folgend, tat ich dies und erkannte, daß ich die natürliche Schönheit meiner eigenen Seele unterdrückt hatte. Ich mußte sie wieder in ihrem ursprünglichen Glanz erstrahlen lassen.

Meine Lebensrückschau war beendet, die Männer saßen schweigend da und strahlten die absolute Liebe aus, die sie für mich empfanden. Auch Jesus in seinem Lichte war gegenwärtig. Die Räte kommunizierten miteinander und wandten sich dann an mich: ›Du hast deine Aufgabe auf der Erde noch nicht erfüllt‹, sagten sie. ›Du mußt zurückkehren. Doch wir zwingen dich nicht. Es liegt an dir.‹

Ohne zu zögern antwortete ich: ›Nein, nein. Ich kann nicht zurückkehren. Ich gehöre hierher. Dies ist mein Zuhause.‹ Ich sprach voll Überzeugung, in dem Bewußtsein, daß mich nichts dazu würde bewegen können, von hier fortzugehen.

Einer der Männer sprach mit ebensolcher Überzeugung: ›Deine Arbeit ist nicht vollendet. Es wäre am besten, wenn du zurückkehrtest.‹

Oh nein, ich würde *nicht* zurückkehren! Als Kind schon

hatte ich gelernt, wie man einen Kampf gewinnt, und nun griff ich auf all das zurück, was ich damals gelernt hatte. Ich warf mich zu Boden und fing an zu weinen. ›Ich werde *nicht* zurückkehren‹, jammerte ich. ›Niemand kann mich dazu zwingen! Ich bleibe hier, wo ich hingehöre. Ich bin *fertig* mit der Erde!‹

Jesus stand unweit von mir zu meiner Rechten, eingehüllt in sein gleißendes Licht. Nun trat Er vor, und ich fühlte Seine Besorgnis. Doch gleichzeitig war Er belustigt. Er lächelte, und ich spürte Sein Verständnis für meinen Wunsch hierzubleiben. Ich stand auf, und Er sprach zu den Räten: ›Wir sollten ihr zeigen, wie ihre künftige Aufgabe aussieht.‹ Dann wandte Er sich mir zu und sagte: ›Wir geben dir jetzt deine Aufgabe zu erkennen, damit du dich besser entscheiden kannst. Doch danach mußt du dich entschließen. Wenn du zu deinem Leben auf Erden zurückkehren willst, wird deine Aufgabe und vieles von dem, was dir hier gezeigt wurde, aus deinem Gedächtnis gestrichen.‹

Zögernd willigte ich ein, und mir wurde meine Aufgabe gezeigt. Nachher wußte ich, daß ich zurückkehren mußte. Obgleich mich der Gedanke daran, diese herrliche Welt des Lichtes und der Liebe verlassen zu müssen, mit Widerwillen und Ungewißheit erfüllte, zwang mich die Dringlichkeit meiner Aufgabe zur Rückkehr. Doch zuvor ließ ich mir von jedem einzelnen der Anwesenden ein Versprechen geben, auch von Jesus. Ich bat sie, mir ihr Wort zu geben, mich heimzuholen, sobald meine Aufgabe erfüllt sei. Ich wollte nicht eine Minute länger auf Erden bleiben als unbedingt notwendig. Denn mein Zuhause war doch hier. Sie akzeptierten meinen Wunsch, und alles Notwendige für meine Rückkehr wurde veranlaßt.

Dann trat der Erlöser auf mich zu und brachte mir Seine Freude über meine Entscheidung zum Ausdruck. Er betonte nochmals, daß ich mich bei meiner Rückkehr zur Erde nicht mehr daran erinnern würde, was mir über meine Aufgabe gezeigt worden war. ›Wenn du auf der Erde bist, darfst du nicht ständig darüber nachgrübeln, was deine Aufgabe ist‹, sagte Er. ›Es wird alles zur rechten Zeit geschehen.‹

›Oh, wie gut Er mich kennt!‹ dachte ich. Würde ich mich nach meiner Rückkehr auf die Erde an meine Aufgabe erinnern, würde ich diese so schnell wie möglich (und wahrscheinlich ineffektiv) hinter mich bringen. Und es geschah so, wie der Erlöser gesagt hatte. Die Einzelheiten meiner Aufgabe wurden aus meinem Gedächtnis gelöscht. Nicht der kleinste Hinweis ist mir geblieben, und sonderbarerweise habe ich nicht das Bedürfnis, viel darüber nachzugrübeln.

Und im Hinblick auf das Versprechen des Herrn, mich sofort nach Erfüllung meiner Aufgabe heimzuholen, klingen seine Worte noch jetzt in meinem Ohr: ›Die Tage auf Erden sind gezählt. Du wirst nicht lange dort sein, und dann wirst du hierher zurückkehren.‹

Der Abschied

Plötzlich umringten mich Tausende von Engeln. Sie waren voll Freude über meine Entscheidung zurückzukehren. Ich hörte ihren Jubel, der mich mit Liebe und Zuversicht erfüllte.

Ich sah sie an, wie sie mich umringten, und mein Herz schmolz dahin vor Liebe, die ich für sie empfand, und sie hoben an zu singen. Nie – nicht einmal im Garten – hatte ich Musik gehört, die mit diesen Klängen vergleichbar gewesen wäre. Sie war großartig, herrlich, ehrfurchtgebietend, und sie war nur für mich bestimmt. Es war überwältigend. Sie sangen ganz spontan, und ihr Lied entsprang nicht so sehr der Erinnerung als vielmehr dem, was sie unmittelbar wußten, unmittelbar fühlten. Ihre reinen Stimmen ließen jede Note klar und süß klingen. Ich erinnere mich nicht an das Lied, das sie sangen, doch mir wurde gesagt, ich würde sie wieder singen hören. Ich weinte vor aller Augen und sog ihre Liebe und die himmlischen Klänge in mich auf – ich konnte kaum glauben, daß eine so unbedeutende Seele wie die meine im Mittelpunkt solcher Verherrlichung stehen konnte. Und ich wußte, daß in der göttlichen Ewigkeit niemand unbedeutend ist. Jede Seele ist von größtem Wert. Und als Demut und Dankbarkeit über mich kamen, eröffnete sich mir eine letzte Vision der Erde.

Die Himmel gaben den Blick frei auf die Erde mit ihren Milliarden von Menschen. Ich sah, wie sie um ihre Existenz kämpften, Fehler machten, Güte erfuhren, Liebe fanden, um ihre Toten trauerten, und ich sah, wie die Engel über ihnen schwebten. Die Engel kannten die Menschen bei ihren Namen und wachten aufmerksam über sie. Sie jubilierten, wenn Gutes getan wurde, und grämten sich über Fehler. Sie hielten sich bereit, um zu helfen, zu führen und zu schützen. Ich erkannte, daß wir buchstäblich Tausende von Engeln herbeirufen können, indem wir vertrauensvoll um ihren Beistand bitten. Ich sah, daß wir *alle* in ihren Augen gleich sind, ob groß oder klein, begabt oder behindert, Führer oder Geführte, Heilige oder Sünder. Wir alle sind wertvoll und werden aufmerksam behütet. Ihre Liebe verläßt uns nie.

MEINE RÜCKKEHR

Es wurden keine Worte des Abschieds gesprochen. Ich war plötzlich wieder in meinem Krankenzimmer. Die Tür war immer noch halb geöffnet, das Nachtlicht brannte über dem Waschbecken, und dort auf dem Bett unter den Laken lag mein Körper. Ich schwebte über ihm und blickte auf ihn herab. Sein Anblick erfüllte mich mit Grauen. Der Körper sah kalt und schwer aus; er erinnerte mich an einen alten Overall, der durch den Schmutz gezogen worden war. Ich dagegen fühlte mich, als habe ich soeben eine lange, erfrischende Dusche genommen. Und nun sollte ich dieses schwere, kalte, schmutzige Kleidungsstück anziehen! Ich wußte, daß ich es würde tun müssen – ich hatte es versprochen –, aber ich mußte mich beeilen. Hätte ich auch nur eine Sekunde länger darüber nachgedacht, so hätte mich mein Mut verlassen, und ich wäre geflohen. Schnell schlüpfte mein Geist wieder in meinen Körper. Nachdem ich mich erst einmal entschlossen hatte, folgte alles andere wie von selbst, und ich besaß kaum noch Kontrolle darüber.
Das erdrückende Gewicht und die Kälte des Körpers waren schrecklich. Ich zuckte zusammen, als würde ich von Stromstößen geschüttelt. Ich fühlte wieder den Schmerz und das Leid meines Körpers und war äußerst

deprimiert. Nachdem ich die Glückseligkeit spiritueller Freiheit hatte erfahren dürfen, war ich erneut zur Gefangenen des Fleisches geworden.

Als ich eingeschlossen in meinem Körper lag, erschienen meine drei alten Freunde an meinem Bett. Meine geliebten Mönche, meine Geisthelfer, waren gekommen, um mich zu trösten. Ich war so entsetzlich schwach, daß ich sie nicht so begrüßen konnte, wie ich es gerne getan hätte. Die drei waren meine letzte Verbindung zur Schönheit und Reinheit des Ortes, an dem ich geweilt hatte, und ich sehnte mich von ganzem Herzen danach, ihnen für ihre süße und ewige Freundschaft zu danken. Noch einmal wollte ich sagen: ›Ich liebe euch.‹ Doch ich konnte nur aus meinen Augen schauen, die sich mit Tränen füllten, und hoffen, daß sie meinen Blick verstanden.

Es bedurfte keiner Worte; sie verstanden alles. Sie standen schweigend neben mir. Liebe ausstrahlend, sahen sie mir in die Augen und erfüllten mich mit einem Geist, der alle Schmerzen besiegte. In jenen Augenblicken vermittelten sie mir eine Botschaft, die mir als ein heiliges Zeichen unserer ewigen Freundschaft immer in Erinnerung bleiben wird. Sie spendeten mir Trost durch ihre Worte und ihre Anwesenheit. Ich wußte, daß sie nicht nur meine Gefühle kannten, sondern auch den Weg meines neuen Lebens, den Schmerz, den ich empfinden würde über den Verlust ihrer Liebe, die Fehlschläge des irdischen Lebens und die schwierige Reise, die mir bevorstand. Sie freuten sich über meine Entscheidung, zur Erde zurückzukehren. Ich hatte die richtige Wahl getroffen. ›Doch nun ruh dich erst einmal aus‹, sagten sie. Und sie schufen eine sehr friedvolle und beruhigende Atmosphäre, die mich durchströmte, so daß ich schon bald in einen tiefen, heilsamen Schlaf fiel. Beim Einschlafen fühlte ich, wie ich von Schönheit und Liebe eingehüllt wurde.

Ich weiß nicht, wie lange ich schlief. Als ich meine Augen aufschlug, war es zwei Uhr morgens. Seit meinem Tod waren über vier Stunden vergangen. Wieviel Zeit davon ich in der geistigen Welt verbracht hatte, wußte ich nicht, doch vier Stunden waren nicht annähernd genug für all das, was ich erlebt hatte. Ich wußte nicht, ob die Ärzte irgendwelche Maßnahmen zu meiner Wiederbelebung ergriffen hatten oder ob überhaupt jemand ins Zimmer gekommen war und mich gesehen hatte. Ich fühlte mich nun ausgeruht, konnte aber meine tiefe Niedergeschlagenheit immer noch nicht abschütteln. Dann begann ich, meine Erfahrung nochmals Revue passieren zu lassen, und empfand es wie ein Wunder, daß ich tatsächlich Jesus gesehen und Seine Liebe erfahren hatte. Neue Kraft stieg in mir auf, als ich über das Wissen nachdachte, das mir in Seiner Anwesenheit zuteil geworden war, und ich wußte, daß Sein Licht mir in Stunden der Not künftig Stärke und Trost spenden würde.

Gerade wollte ich meine Augen schließen, um wieder einzuschlafen, als ich sah, wie sich etwas an der Tür bewegte. Ich versuchte, mich auf einem Ellenbogen aufzurichten, um besser sehen zu können; da erblickte ich eine Gestalt, die in mein Zimmer lugte. Ich zuckte zurück vor Angst. Da kam eine zweite Gestalt hinzu. Es waren

Wesen von unvorstellbar entsetzlicher und grotesker Art. Fünf von ihnen kamen durch die Zimmertür, und ich war wie gelähmt vor Angst. Sie waren halb Mensch, halb Tier – klein und muskulös mit langen Klauen oder Fingernägeln und bestialischen, wenn auch menschlichen Gesichtszügen. Sie bewegten sich auf mich zu, fauchend, knurrend und zischend. Sie verströmten Haß, und ich wußte, daß sie mich töten wollten. Ich versuchte zu schreien, doch ich war entweder zu schwach oder zu starr vor Angst, um mich zu bewegen. Völlig hilflos lag ich da, während sie bis auf etwa eineinhalb Meter an mein Bett herankamen.

Da plötzlich senkte sich eine riesige, gläsern wirkende Lichtkuppel über mich, und die Gestalten sprangen vor, als ob sie die davon ausgehende Bedrohung für sie erkannten. Die Kuppel schützte mich, als diese wie wahnsinnig darauf einschlugen und versuchten, an ihr hochzuklettern, um von oben an mich herankommen zu können. Doch die Kuppel war zu steil, um daran hochzuklettern, und sie wurden noch wütender. Sie schrien und fluchten und zischten und fingen an zu spucken. Mich ergriff blankes Entsetzen, und ich fühlte mich in meinem Bett wie in einer Falle. Die Gestalten gaben nicht auf, und ich wußte nicht, wie lange die Kuppel ihrem Angriff standhalten würde. Mir war völlig unklar, worum es ging.

Als ich es kaum noch länger aushalten konnte und mich meine Angst zu überwältigen drohte, betraten meine drei geliebten Mönch-Freunde den Raum, und die Gestalten flohen. Meine jenseitigen Freunde sagten: ›Fürchte dich nicht, du bist geschützt.‹ Und sie erklärten mir, daß die Mächte der Finsternis wütend seien über meine Entscheidung, zur Erde zurückzukehren, und mächtige Dämonen ausgesandt hatten, um mich zu zerstören. Sie ließen mich wissen, daß mich die Kuppel unsichtbar umgeben würde, solange ich lebe. Die Dämonen, so sagten sie, könnten erneut versuchen, mich anzugreifen, oder sich mir zeigen oder von sich hören lassen, doch die Kuppel würde mich schützen. ›Zudem solltest du wissen‹, so fügten sie hinzu, ›daß wir immer in deiner Nähe sind, um dir zu helfen und Mut zu machen.‹ Nur wenige Augenblicke später waren meine Freunde verschwunden.

Dies war das letzte Mal, daß mich meine drei Geisthelfer besuchten. Ich nenne sie liebevoll meine Mönche, und ich weiß, daß sie bis in alle Ewigkeit zu meinen besten Freunden zählen. Ich sehne den Tag herbei, an dem wir uns wieder in die Arme schließen und unsere immerwährende Freundschaft erneuern können.

Die Dämonen kehrten zurück, nachdem die Engel gegangen waren, doch die Kuppel hielt sie auf Abstand. Ich griff nach dem Telefon und rief meinen Mann an. Als ich ihm von den Dämonen in meinem Zimmer berichtete, glaubte er, ich hätte Halluzinationen. Er holte eine unserer Töchter ans Telefon, damit sie mit mir spreche, während er in aller Eile ins Krankenhaus fuhr. Schon zehn Minuten später trat er durch die Zimmertür. Er konnte die Gestalten in meinem Raum nicht sehen. Er setzte sich auf meine Bettkante und hielt meine Hand, während ich versuchte, ihm zu erklären, was geschah.

Bald gaben die Gestalten ihren Angriff auf und verschwanden. Das war das letztemal, daß ich sie sah. Ich war erleichtert und beruhigte mich wieder. Dann versuchte ich, Joe etwas von meiner Todeserfahrung zu erzählen. Wenn ich ihm auch damals nicht alle Einzelheiten berichtete, wußte er doch, daß etwas Bedeutsames geschehen war, und er brachte mir viel Liebe und Verständnis entgegen. Zwar waren die Engel von mir gegangen, doch Joe war jetzt hier, und er tröstete und beschützte mich. Die Liebe, die er mir entgegenbrachte, war vielleicht nicht so stark wie die der Engel oder von Christus, doch sie war wundervoll und besänftigend. Die Liebe, die wir Sterblichen füreinander empfinden, mag zwar unvollkommen sein, doch auch sie besitzt die Macht, zu heilen und uns aufzurichten.

Während Joe bei mir war, wanderte mein Geist mal in die eine, mal in die andere Welt, als sei meine Rückkehr noch nicht endgültig besiegelt. Ich erinnere mich daran, daß sich Ärzte und Krankenschwestern um mich bemühten. Ich wußte nicht, was sie taten oder wie lang sie blieben, doch ich fühlte, mit welcher Anspannung und Besorgnis sie sich um mich kümmerten. Während dieser Zeit blickte ich weiter in die geistige Welt, und ich sah viele herrliche Dinge – Dinge aus dieser und aus jener Welt. Dann hatte ich eine weitere machtvolle Erfahrung, nicht in Gestalt einer Vision, sondern eine Erscheinung.

Ein hübsches kleines Mädchen betrat den Raum. Sie war nicht mehr als zwei oder drei Jahre alt und war das einzige Kind, das ich drüben gesehen hatte. Ein goldenes Licht ging von ihr aus, das sie wie ein Heiligenschein umgab und sie überallhin begleitete. Sie schien sich stark zu Joe hingezogen zu fühlen, und als die Ärzte und Schwestern den Raum für einen Augenblick verlassen hatten, fragte ich ihn, ob er sie sehen könne. Er sah sie nicht. Sie bewegte sich mit der Grazie einer Ballerina, ging fast auf Zehenspitzen und machte zarte Gesten, so als würde sie tanzen. Sofort faszinierte sie mich mit ihrer Spontanität und Fröhlichkeit. Sie ging zu Joe und stellte sich auf seine Schuhspitze. Sie stand auf einem Bein, das andere nach hinten hinaufstreckend wie eine Ballerina, beugte sich vor und griff in seine Hosentasche. Ich war wie hypnotisiert von dieser Bewegung. Ich fragte sie, was sie da tue. Sie drehte sich um und lachte verschmitzt, und ich wußte, daß sie mich gehört hatte. Doch sie gab keine Antwort. Ich fühlte ihre innere Freude, die reine, überströmende Fröhlichkeit, die sie durchflutete. Dann verschwand sie und kehrte nicht zurück. Mir aber blieb sie unvergeßlich.

In den nächsten Stunden kamen die Schwestern und Ärzte ständig in mein Zimmer, um nach mir zu sehen. Wenn sie sich auch wesentlich intensiver um mich kümmerten als in der Nacht zuvor, sprachen weder Joe noch ich mit ihnen über meine Erfahrung. Am nächsten Morgen sagte einer der Ärzte: ›Sie haben letzte Nacht einiges durchgemacht. Können Sie mir sagen, was Ihnen widerfahren ist?‹ Ich hatte das Gefühl, ihm nichts Näheres sagen zu wollen, und meinte nur, es seien Alpträume gewesen. Ich merkte, daß es mir schwerfiel, über meine Reise ins Jenseits zu sprechen, und lange Zeit wollte ich nicht einmal Joe Einzelheiten darüber mitteilen. Wenn ich darüber sprach, schien ich es zu verwässern. Die Erfahrung war mir heilig. Erst nach einigen Wochen berichtete ich Joe und meinen älteren Kindern Näheres. Sie standen sofort hinter mir und zerstreuten die Angst, die ich davor gehabt hatte, meiner Familie zu erzählen, was geschehen war. Es gab einiges, was ich in den kommenden Jahren lernen und woran ich wachsen mußte. In der Tat sollten sich die nun folgenden Jahre als die schwierigsten in meinem Leben erweisen.

MEINE GENESUNG

Ich verfiel in eine tiefe Depression. Ich konnte die Schönheit und den Frieden der geistigen Welt nicht vergessen und sehnte mich schrecklich danach, dorthin zurückzukehren. Angesichts des geschäftigen irdischen Treibens rings um mich her bekam ich auf einmal Angst vor dem Leben, und bisweilen haßte ich es gar so sehr, daß ich darum betete, sterben zu dürfen. Ich bat Gott, mich heimzuholen, mich bitte, bitte aus diesem Leben und der mir unbekannten Aufgabe zu entlassen. Ich entwickelte eine Agoraphobie und hatte Angst, das Haus zu verlassen. Es gab Zeiten, da blickte ich aus dem Fenster zum Briefkasten hinüber und wünschte mir, ich könne den Mut aufbringen, dorthin zu gehen. Ich versank in mich selbst und starb einen langsamen Tod, und wenn Joe und die Kinder mich auch in jeder Hinsicht unterstützten, so wußte ich doch, daß ich mich langsam von ihnen entfernte.

Gerettet wurde ich letztendlich durch die Liebe, die ich für meine Familie empfand. Mir wurde klar, daß mein Selbstmitleid ihnen gegenüber nicht fair war. Ich *mußte* mich wieder dem Leben zuwenden, mich dazu zwingen, die geistige Welt hinter mir zu lassen, und mich wieder auf den Weg machen. Ich zwang mich dazu, das Haus zu verlassen, und nahm nach und nach wieder Anteil am Leben meiner Kinder – Schule, Wohltätigkeitsorganisationen, Kirchengruppen, Camping, Ferien mit der Familie und so weiter. Das geschah nicht plötzlich, doch mit der Zeit konnte ich das Leben wieder genießen. Wenn auch mein Herz die geistige Welt nie wirklich verließ, so flammte doch meine Liebe zu diesem Leben wieder auf und wurde stärker denn je.

Fünf Jahre nach meiner Todeserfahrung regte sich in mir der Wunsch, ins Krankenhaus zu gehen, um herauszufinden, was mit mir in jener Nacht physisch geschehen war. Bis dahin hatten die Ärzte mir gegenüber nie etwas darüber erwähnt, und ich hatte nicht nachgefragt. Ich hatte mit mehreren Freunden über meine Erfahrung gesprochen, und sie alle schienen das gleiche wissen zu wollen: ›Wußten denn die *Ärzte*, daß du tot warst?‹ Ich brauchte keine ärztliche Bestätigung dafür, daß ich gestorben war – Jesus selbst hatte mir ja gesagt, daß dies so sei –, doch meine Freunde wollten eine Bestätigung. Ich vereinbarte einen Termin mit dem Arzt, der mich operiert hatte, und begab mich in seine Praxis. Das Wartezimmer war überfüllt, und die Helferin erklärte mir, ihr Chef sei hinter seinem Zeitplan zurück. Ich hatte ein schlechtes Gewissen, seine wertvolle Zeit in Anspruch zu nehmen – all die anderen Patienten benötigten ihn wahrscheinlich dringender als ich. Trotzdem wartete ich und wurde schließlich in sein Sprechzimmer geführt.

Als er eintrat, erkannte er mich sofort wieder und fragte, was er für mich tun könne. Ich verwies auf die Operation, und er sagte, er erinnere sich noch daran. Dann erklärte ich ihm, daß ich alles über eventuelle Komplikationen wissen müsse, zu denen es in der Nacht nach der Operation gekommen sei. Als er fragte, warum ich das wissen wolle, erzählte ich ihm Teile meiner Erfahrungen. Darüber vergingen fünfundvierzig Minuten. Das Wartezimmer war noch immer zum Bersten gefüllt, doch der Arzt machte keine Anstalten, unser Gespräch zu unterbrechen. Ich beschloß meinen Bericht mit dem Hinweis, daß ich ihn nicht für irgend etwas haftbar zu machen gedenke; ich wolle nur erfahren, was schiefgegangen war, und erklärte ihm, wie wichtig es mir war, alles darüber zu wissen. Er erhob sich wortlos und ging zu seinem Aktenschrank hinüber. Als er zurückkam, standen Tränen in seinen Augen. Ja, meinte er, es sei in jener Nacht zu Komplikationen gekommen; man habe mich *tatsächlich* eine Zeitlang ›verloren‹, es aber dann für besser gehalten, mir nichts darüber zu sagen. Er erklärte mir, was geschehen war: Bereits bei der Operation war es zu einer Blutung gekommen, und offenbar hatte sich während der Nacht eine weitere Blutung eingestellt. Zum Zeitpunkt meines Todes war ich wegen des Schichtwechsels der Krankenschwestern allein im Zimmer gelassen worden, und weil niemand zugegen war, wußte man auch nicht ganz genau, wie lange ich tot gewesen war. Die Ärzte und Schwestern bemühten sich um mich. Ich bekam zunächst eine Spritze und dann die ganze Nacht über bis hinein in den Morgen weitere Medikamente und Infusionen. Aus den Worten des Arztes entnahm ich, daß er und seine Mitarbeiter alles menschenmögliche für mich getan hatten.

Dann fragte ich den Arzt, warum er weine, und er sagte, es seien Tränen des Glücks. Erst vor kurzem hatte er einen geliebten Menschen verloren, und meine Geschichte gab ihm Hoffnung. Meine Erfahrung einer Welt jenseits der unseren spendete ihm Trost. Er sagte auch, daß einer seiner Patienten einige Jahre zuvor von einem ähnlichen Erlebnis berichtet habe und daß viele der Einzelheiten übereinstimmten. Er war beruhigt zu wissen, daß das Leben nicht mit dem Tode endet und daß wir unsere Angehörigen wiedersehen werden. Ich versicherte ihm, daß es allen Grund gab, auf ein herrliches Leben jenseits unseres irdischen Daseins zu hoffen – weit herrlicher, als wir es uns vorstellen können.

Als ich die Praxis des Arztes verließ, fühlte ich mich frei. Ich konnte die Einzelheiten meines physischen Todes für immer hinter mir lassen. Und anderen konnte ich mit gutem Gewissen sagen, was ich schon immer gewußt hatte: Ich war wirklich gestorben und dann zurückgekehrt!

Mein ganz persönlicher Engel

Ein Jahr nach dem Besuch bei meinem Arzt, also sechs Jahre nach meiner Erfahrung, kam meine Schwester mit einem ungewöhnlichen Anliegen zu mir. Sie berichtete von einer Frau, die schwanger war und ihr Kind zur Adoption freigeben wollte. Sowohl die Frau als auch ihr Mann waren Alkoholiker, und bereits früher war ihnen wegen ähnlicher Probleme ein Kind weggenommen worden. Leider hatte die Familie, in der das erste Kind lebte, zu viele eigene Kinder und konnte das neue Baby nicht auch noch aufnehmen. Da es sich um Indianer handelte, sollte für das Kind eine indianische Familie – nach Möglichkeit innerhalb der weitläufigen Verwandtschaft – gefunden werden.

Dorothy wußte, daß ich seit einiger Zeit niedergeschlagen war, und meinte, es würde mir guttun, mich um ein weiteres Baby – es wäre mein achtes Kind – zu kümmern. Sie sagte, man brauche jemanden, bei dem man die Kleine ein paar Monate lang unterbringen könne. Ich sprach mit Joe und den Kindern darüber, und obwohl ich mich kurz zuvor an der Abendschule eingeschrieben hatte, um meinen College-Abschluß nachzuholen, zog ich das Angebot ernsthaft in Erwägung. Meine Tochter Cheryl war schwanger und versprach mir, jeden Tag zu kommen und mir zu helfen, um selbst erste Erfahrungen in der Säuglingspflege zu sammeln. Joe meinte, er habe nichts dagegen, wieder einmal etwas Kleines im Arm zu halten – unser jüngstes Kind war damals zwölf. Ich stimmte also zu, und als die Sozialarbeiterin das kleine Mädchen zu uns brachte, war bereits alles vorbereitet. Wir hatten die alte Wiege hervorgeholt und anderes Babyzeug bereitgelegt, das wir noch von unseren eigenen Kindern hatten. Ich fühlte mich sofort zu dem Kind hingezogen, und es entstand eine Verbindung, die – so wurde mir bewußt – nur schwer wieder zu lösen sein würde. Ich rief mir ständig in Erinnerung, daß das Baby nur für kurze Zeit bei uns bleiben sollte, doch was mein Kopf mir da sagte, konnte mein Herz nicht annehmen.

Die Behörden hatten Probleme, geeignete Adoptiveltern innerhalb der Verwandtschaft des Kindes zu finden. Zwei Monate vergingen. Meine Tochter brachte einen Sohn zur Welt, und ich besuchte sie so oft wie möglich, immer in Begleitung meiner Pflegetochter.

Sie war fröhlich, aufgeweckt und immer zum Schmusen aufgelegt. War sie krank oder wollte sie getröstet werden, so schmiegte sie sich eng an meine Schulter und ich blies ihr meinen Atem ins Gesicht. Selbst wenn gar nichts anderes half, konnte ich sie damit meistens beruhigen. Natürlich war sie der Liebling der ganzen Familie. Morgens entführten unser Zwölf- und unser Vierzehnjähriger sie aus ihrer Wiege, um mit ihr im Wohnzimmer zu spielen.

Mit zehn Monaten fing sie an zu laufen, und ihre braune Haut war so gesund und frisch, wie man es sich nur wünschen konnte. Jeden Morgen rieb ich sie mit Körperlotion ein, bis ihre Haut so sanft wie Seide war, und den ganzen Tag duftete sie herrlich. Im Laufe der Monate wuchs meine Liebe zu ihr, und schon bald vergaß ich, daß sie nicht mein eigenes Kind war.

Als die Kleine zehneinhalb Monate alt war, meldete sich die Sozialarbeiterin bei mir und teilte mir mit, man habe in einem anderen Bundesstaat Adoptiveltern gefunden. Diese würden in ein paar Tagen kommen, um das Kind abzuholen. Ich war fassungslos. Joe und ich hatten eine Erklärung unterschrieben, daß wir keine Adoption beabsichtigten, und nun war ich verzweifelt. Ich hatte die ganze Zeit über gewußt, daß ich das Kind nicht behalten konnte, doch nun empfand ich einen Schmerz, wie ihn nur eine Mutter empfinden kann – ich sollte mein Kind verlieren!

Wie benommen packte ich ihre Kleidung zusammen. Ich hörte kaum, wenn mich jemand ansprach. Tausend Fragen rasten durch meinen Kopf, doch ich fand keine Antworten darauf. Nie hatte ich geglaubt, daß ich mich emotional so sehr an das Kind binden würde – daß ich es so sehr lieben würde. Wie hatte das passieren können? Wo blieb meine Fähigkeit loszulassen?

Als die neuen Eltern vor dem Haus vorfuhren, trug ich die Kleine hinaus zu deren Wagen. Zuerst dachte sie, *wir* würden irgendwo hingehen, und sie schmiegte sich fröhlich an mich und winkte den anderen zum Abschied. Die waren genauso fassungslos wie ich. Die Adoptiveltern warteten im Auto und sagten nichts. Ich war ihnen dafür dankbar. Niemand hätte damals ein tröstendes Wort für mich finden können. Als die neue Mutter meinem Baby ihre Arme entgegenstreckte, schnürte es mir die Kehle zu. Ich wollte mit dem Kind davonlaufen, laufen und nie wieder stehenbleiben. Doch meine Beine folgten mir nicht. Sie waren schwach und zitterten.

Das Baby merkte, daß man es mir wegnehmen wollte, und fing an zu schreien. Mir brach das Herz. Als das Auto davonfuhr, stand ich regungslos da. Der Anblick meiner geliebten Kleinen, die ihre Hände nach mir ausstreckte, brannte sich in meine Seele ein. Ich konnte nicht mehr und rannte ins Haus; das Bild überwältigte mich. Es sollte mich über die nächsten Monate hinweg quälen.

Alles und jedes im Haus erinnerte mich an sie – das Klavier, an dem sie so gerne gesessen und ›Mamasein‹ gespielt hatte, der Laufstall mit den Spielsachen, die Wiege mit dem leeren Fläschchen. Und dann war die ungewohnte Stille.

Nach drei Monaten konnte ich es nicht länger ertragen, und ich betete zu Gott, sie mir wieder heimzuschicken. Die Erinnerung war zu tief, zu frisch, zu schmerzlich. Niemand sprach von ihr, doch ich wußte, daß die ganze Familie um sie trauerte. Wir alle brauchten sie. Eines Abends vor dem Einschlafen, als mein Geist gebrochen war in der Erkenntnis, daß sie nie mehr zurückkehren würde, betete ich für ihre neue Familie. Ich bat unseren Vater im Himmel um Seinen Segen für die neuen Eltern und daß sie sie glücklich machen mögen. Ich bat um Seinen Segen, daß sie ihre neue Umgebung akzeptieren und dort Seelenfrieden und Glück finden möge. Ich betete von ganzem Herzen für die Eltern und ihre kleine

Tochter. Dann – als ich mich endlich ganz in die Hand des Herrn gegeben hatte – schlief ich ein.

In jener Nacht wachte ich auf, als ein Bote aus der geistigen Welt an mein Bett trat. Er sagte mir, daß es meinem Baby in seinem neuen Zuhause nicht gutgehe und daß sie mir zurückgegeben würde. Er erklärte, jemand würde mich anrufen und mir sagen: ›Ich habe eine gute und eine schlechte Nachricht.‹ Ich konnte die ganze Nacht nicht mehr einschlafen.

Die nächsten beiden Wochen ging ich nicht aus dem Haus. Jedesmal, wenn das Telefon klingelte, stürzte ich hin, denn ich wartete auf den angekündigten Anruf. Ich erzählte Dorothy von der Botschaft, die ich erhalten hatte, doch ich konnte mich nicht dazu überwinden, mit den anderen in der Familie darüber zu sprechen – nicht einmal mit Joe. Ich hatte das Gefühl, ihre Geduld bereits mehr als genug strapaziert zu haben. Sogar Dorothy machte sich Gedanken über mich.

Eines Morgens klingelte das Telefon. Es war noch sehr früh, und ich hörte eine Stimme, und die sprach ganz deutlich: ›Hallo Betty, hier ist Ellen. Ich habe eine gute und eine schlechte Nachricht.‹ Ich setzte mich im Bett auf und schrie: ›Warte! Warte einen Augenblick!‹ Ich hatte noch geschlafen und glaubte zu träumen. Ich kroch aus dem Bett und sah mich im Spiegel an, um ganz sicher zu sein, daß ich wach war. Dann griff ich wieder nach dem Hörer und sagte: ›Also gut, ich höre.‹ Mein Herz klopfte mir bis zum Hals. Die Stimme fuhr fort und erklärte mir, meine Kleine sei im Krankenhaus. ›Sie konnte sich nicht an die neue Familie gewöhnen‹, sagte Ellen, ›und sie schrie die ganze Zeit. Du warst zehn Monate lang ihre Mama, und sie sehnt sich nach dir.‹

Das Geschrei, so fuhr Ellen fort, habe zu einer starken nervlichen Belastung der Eltern geführt. Eines Nachts seien die Eltern betrunken gewesen und hätten die Kleine in einem Anfall von Wut geschlagen und die Treppe hinuntergeworfen. Das Kind habe man daraufhin in ein Krankenhaus gebracht und dort allein zurückgelassen. Sie liege dort seit zwei Wochen und ihr Zustand sei kritisch. Sie spreche auf keinerlei Behandlung an, und nach Ansicht der Ärzte seien ihre Heilungschancen angesichts ihres bedenklichen emotionalen Zustands nicht sehr positiv zu bewerten. Schließlich sagte Ellen: ›Betty, du bist unsere letzte Hoffnung. Wir wissen, daß es viel verlangt ist, doch könntest du sie bitte noch eine Zeitlang bei dir aufnehmen, zumindest so lange, bis es ihr bessergeht?‹

Ich fühlte mich ganz schwach und mußte erst einmal tief Luft holen. ›Kann ich dich gleich zurückrufen?‹ fragte ich. Dann hängte ich ein. Es war halb acht Uhr morgens und Joe war bereits zur Arbeit gegangen. Ich rannte zur Treppe und rief nach den Kindern. Ich sagte, ich habe eine wunderbare Neuigkeit zu berichten, doch dann konnte ich nichts mehr sagen. Mein Hals war wie zugeschnürt, und ich brachte kein Wort mehr heraus. Die Kinder kamen mit mir zum Telefon und hörten zu, als ich Joe anrief und versuchte, ihm zu erzählen, was geschehen sei. Er meinte, er würde sofort nach Hause kommen. Seine Stimme klang ruhiger als meine, und das besänftigte mich. Langsam kam ich wieder zu mir. Da fiel mir ein, daß ich Ellen noch keine Antwort gegeben hatte. Ich wählte ihre Nummer, und auf einmal ergriff mich Panik. Hoffentlich hatte ich sie nicht falsch verstanden!? Was, wenn das Ganze nur ein Mißverständnis war? Als sie sich meldete, bat ich sie, mir alles noch einmal zu erklären. Das tat sie dann auch, und sie fügte hinzu, daß sie noch heute in die Stadt fliegen werde, in der die Kleine sich jetzt befand. Ich sagte, ich würde mit ihr kommen, doch sie meinte, das sei nicht angebracht, ich solle lieber hier warten. Doch sie hatte mir gesagt, wo das Kind war, und so setzte ich mich sofort nach unserem Gespräch mit einem Reisebüro in Verbindung und buchte einen Platz in derselben Maschine wie sie. Dann rief ich sie noch einmal an und sagte ihr, daß ich sie begleiten würde. Widerstrebend antwortete sie, wir würden uns am Flughafen treffen. Einer ihrer Sozialarbeiter-Kollegen würde in der anderen Stadt auf uns warten und uns das Kind übergeben. Der Flug dauerte mir viel zu lange, und als wir endlich angekommen waren, rannte ich zur Wartehalle und suchte in der Menge nach meinem Kind.

Ich wußte, daß ein männlicher Kollege von Ellen das Kind übergeben sollte, weshalb ich Ausschau hielt nach einem einzelnen Mann mit einem Kind. Ich konnte sie nicht entdecken und geriet in Panik. Ich wußte ganz genau, wie die Kleine aussah. Warum konnte ich sie nicht finden? Dann plötzlich entdeckte ich sie, doch die Ärmchen des Babys sahen ganz anders aus, als ich sie in Erinnerung hatte. Dennoch *wußte* ich, daß sie es war. ›Da ist mein Baby!‹ hörte ich mich schreien, als ich hinüberrannte und dem Sozialarbeiter das Kind aus den Armen riß.

Die Kleine hatte fast alle Haare verloren. Ihre Augen waren geschwollen, und an einer Augenbraue hatte sie eine blutunterlaufene Verletzung. Sie erkannte mich sofort und klammerte sich fest mit ihren beiden Ärmchen und ihren kleinen Beinen an mich. ›Was haben sie getan? Was haben sie nur getan?‹ weinte ich. Der Sozialarbeiter wunderte sich, wer diese sonderbare schluchzende Frau sei, die ihm das Baby aus den Armen gerissen hatte. Doch Ellen war mir gefolgt, und sie erklärte ihm, daß alles in Ordnung sei, denn ich sei die Mutter des Kindes.

Bei unserer Rückkehr warteten Joe und alle sechs Kinder am Flughafen auf uns. Ihre Augen leuchteten und füllten sich mit Tränen, als sie das kleine Bündel in meinen Armen sahen. Als die Kleine sie entdeckte, ließ sie sich von jedem einmal auf den Arm nehmen, denn alle wollten sie einmal halten. Doch sie hielt es dort immer nur für kurze Zeit aus und wollte zwischen all den Umarmungen immer wieder zurück auf meinen Arm. Sie klammerte sich an mich, als ob ihr Leben von meiner Existenz abhinge.

Die nächsten Monate ließ sie mich nicht aus den Augen. Uns wurde bewußt, welcher Schaden ihrem zerbrechlichen Wesen zugefügt worden war. Sie sprach mit niemandem, weigerte sich zu laufen, und ihr Gesicht war ausdruckslos. Sie gab nur dann einen Laut von sich, wenn ich sie allein ließ. Dann schrie sie so lange, bis ich zurückkam. Schließlich wickelte ich sie in ein Tragetuch und band sie mir an den Körper, um so wenigstens meine

Hausarbeit verrichten zu können. Ein paar Monate lang blieben wir so aneinandergebunden.

Ich stellte ihr Bettchen neben meinem Bett auf und begab mich abends sehr früh zur Nachtruhe, denn sie weigerte sich einzuschlafen, wenn ich nicht in ihrer Nähe war. Anfangs stand ihr Bettchen direkt neben mir, und ich faßte durch die Gitterstäbe und hielt ihre Hand, bis sie eingeschlafen war. Im Laufe mehrerer Monate schob ich das Bettchen immer weiter weg, jede Nacht ein Stückchen, bis sie schließlich auf der anderen Seite des Raumes schlief.

Joe und ich hatten einen Anwalt damit beauftragt, sofort das Adoptionsverfahren einzuleiten. Wir hatten sie außerdem zur Untersuchung in ein Krankenhaus gebracht, um die an ihr verübte Mißhandlung dokumentieren zu können. Neben den offensichtlichen Platzwunden und blauen Flecken waren ein Armbruch, Dehydration und Fehlernährung festzustellen. Hinzu kamen Entzündungen der Kopfhaut an den Stellen, wo man ihr büschelweise die Haare ausgerissen hatte. Ihr mentaler Zustand ließ sich nur erahnen, doch die Tatsache, daß sie sich verzweifelt an mich klammerte und alle anderen zurückwies, ließ auf tiefes Mißtrauen schließen. Die Ärzte erkannten, daß ihre Gesundheit von den beständigen, stabilen Familienverhältnissen abhing, die sie bei uns erlebte.

Das Gericht befaßte sich mit der Angelegenheit und prüfte alle Beweise. Schon bald erging das Urteil: Sie wurde uns zugesprochen. Joe wollte ihren Namen ändern, ihr den liebsten Namen geben, den er kannte, und obgleich ich dagegen war, wurde ich von der Familie überstimmt. Die Ähnlichkeiten unserer Persönlichkeits-struktur und die tiefe Verbundenheit, die wir füreinander empfanden, waren allzu offensichtlich. Das Kind wurde offiziell nach mir in Betty Jean umbenannt.

Mit zweieinhalb Jahren war die kleine Betty sowohl physisch als auch emotional voll wiederhergestellt. Sie wurde wieder zum liebenswertesten und verspieltesten Geschöpf im Haus und überraschte uns ständig mit ihrem Humor. Eines Nachmittags rannte sie zu Joe hinüber. Ein verschmitztes Lächeln huschte über ihr Gesicht. Sie stellte sich mit einem Bein auf seine Schuhspitze, warf das andere Bein nach hinten hoch und griff – balancierend wie eine Ballerina – mit der Hand in seine Hosentasche. Es lief mir kalt den Rücken hinunter, als die Erinnerung siedend heiß in mir hochstieg. Klein Betty lachte, und ihre Stimme klang wie die jenes kleinen Mädchens, das uns Jahre zuvor im Krankenzimmer Gesellschaft geleistet hatte, als Himmel und Erde eins zu sein schienen. Auf einmal sah und verstand ich mehr. Die Vision einer jungen Frau stieg wieder in mir auf – eine Erinnerung an ein schönes, energievolles Geistwesen, das einst darauf gewartet hatte, zur Erde kommen zu dürfen. Ich erinnerte mich an sie als jenes junge Geistwesen, mit dem ich in einer früheren Zeit verbunden war, jenes Wesen der geistigen Welt, das mich mit seiner Schönheit und Energie in seinen Bann gezogen hatte. Ich fühlte die Tränen in mir aufsteigen, als sich plötzlich all das Wissen um diesen geliebten Engel zu einem Bild formte. Ich hatte sie als Kind in der geistigen Welt sehen dürfen. Nun wußte ich, warum man sie mir als erwachsenen Geist gezeigt hatte, der sich anschickte, zur Erde zu kommen. Und ich wußte auch, daß sie – nachdem sie wegen meiner Hysterektomie nicht als mein leibliches Kind hatte geboren werden können – einen anderen Weg gefunden hatte, um an meinem Leben teilzuhaben. Jetzt wußte ich auch, was mich dazu veranlaßt hatte, sie als Baby aufzunehmen. Wir waren von jeher die besten Freundinnen, Ewigkeiten voll von Erfahrungen lagen hinter uns und Ewigkeiten vor uns.

Seit jenen Erlebnissen sind einige Jahre vergangen. Meine Kinder sind erwachsen geworden, und die meisten sind aus dem Haus. Sie haben ihre eigenen Familien gegründet und sich auf ihren Individuationsweg begeben. Joe und ich versuchen natürlich, ihnen in schwierigen Situationen zu helfen, doch wir wissen, daß wir nicht ihr Leben für sie leben können. Wir haben erkannt, daß sie himmlische Geschöpfe sind wie wir selbst, die auf der Erde sind, um irdische Erfahrungen zu sammeln. Wir können ihnen ihre Sorgen nicht abnehmen und ihr Glück nicht planen. Wir können ihnen einzig und allein eine Familie bieten und ihnen unsere *Liebe* geben.

Seit dem 18. November 1973 wurden mir weitere Erfahrungen zuteil, auf die ich hier jedoch nicht näher eingehen möchte. Es dauerte neunzehn Jahre und bedurfte unzähliger Anstöße, bis ich mich dazu durchringen konnte, in diesem Buch über meine Erfahrungen zu berichten. Alles hat seine Zeit, und für dieses Buch ist jetzt die rechte Zeit.

Oft habe ich mich gefragt, worin meine Aufgabe besteht, doch ich erhielt keine Antwort. Mir wurde nur eindrücklich vor Augen geführt, daß ich im Lichte Jesu Christi lebe und immer wieder Seine Liebe in meinem Leben annehmen muß. Wenn ich das tue, werde ich alles schaffen, was Er von mir erwartet.

Wir sollen einander lieben. Das weiß ich. Wir sollen gut und tolerant zueinander sein und mit Großmut dienen. Durch Liebe erfahren wir mehr Freude als durch alles andere. Ich habe den wunderbaren, herrlichen Lohn geschaut, der uns dafür erwartet. Die Einzelheiten meiner Erfahrung sind nur insoweit von Belang, als sie uns helfen zu lieben. Alles andere ist nebensächlich. Es geht einzig und allein darum, daß wir der Botschaft des Erlösers folgen, die Er mir in aller Eindringlichkeit mit auf den Weg gegeben hat: ›Vor allem müßt ihr einander lieben.‹

Ich werde es auch in Zukunft versuchen.